汉语进修教育研究

邢红兵 牟世荣◎主编

本成果受北京语言大学项目（中央高校基本科研业务费专项资金）资助·编号为16YJ080212

第二辑

九州出版社

JIUZHOUPRESS

图书在版编目（CIP）数据

汉语进修教育研究. 第二辑 / 邢红兵，牟世荣主编.
—北京：九州出版社，2019.5
ISBN 978-7-5108-8001-8

Ⅰ. ①汉… Ⅱ. ①邢… ②牟… Ⅲ. ①汉语—对外汉
语教学—教学研究—文集 Ⅳ. ①H195.3-53

中国版本图书馆CIP数据核字（2019）第069650号

汉语进修教育研究. 第二辑

作　　者　邢红兵　牟世荣　主编
出版发行　九州出版社
地　　址　北京市西城区阜外大街甲35号（100037）
发行电话　（010）68992190/3/5/6
网　　址　www.jiuzhoupress.com
电子信箱　jiuzhou@jiuzhoupress.com
印　　刷　河北盛世彩捷印刷有限公司
开　　本　710毫米×1000毫米　16开
印　　张　14
字　　数　200千字
版　　次　2019年5月第1版
印　　次　2019年5月第1次印刷
书　　号　ISBN 978-7-5108-8001-8
定　　价　58.00元

前　言

北京语言大学汉语进修学院承担来华留学生汉语言进修教育、汉语言专科教育、留学生汉语和中国问题高级研修生教育、港澳地区及海外华人的汉语普通话培训工作，同时承担汉语国际教育、语言学及应用语言学硕士和博士研究生教育。汉语进修学院有着悠久的历史，学院的前身是著名的北京语言学院来华留学生一系、三系。老一辈汉语进修教育开创者在教学体系创建、大纲制定、教学方法和教材编写方面留下了丰厚的成果和优秀传统；新一代汉语进修学院教学团队继承传统，开拓创新，推动学院不断发展。

受益于北京语言大学项目（中央高校基本科研业务费专项资金）的资助，学院于2014年和2015年将学院科研报告会以及研究生学术论坛的优秀论文结集出版了《汉语进修教育多角度研究》和《汉语进修教育理论与实践》，并于2017年出版了《汉语进修教育研究》系列论文集第1辑，鉴于学校科研经费稳定持续的资助，学院计划此后每年出版一辑，争取将这一系列论文集办成汉语进修教育研究的重要阵地和交流平台。

本论文集为第2辑，共收录了16篇论文。这16篇论文均为汉语进修学院第14届科研报告会的参会论文。2017年12月，为庆祝北京语言大学成立55周年，全面展示学院师生的研究成果和科研水平，汉语进修学院举办了第14届科研报告会，入选报告会的论文均经过学院学术委员会的匿名评审，现从中择优录用16篇，以飨读者。

本论文集的论文内容涵盖语言本体研究、语言与文化教学研究、语言习得研究、文学与文化研究等。这些研究紧密结合了理论与实践，既有理论的深度，又有实践的价值。它们来自教学实践，又以解决教学的实际问题为目标，具有极强的应用性和实践性，这样的研究对于汉语进修教育的一线教学具有直接的指导和启示作用，将会有力地促进汉语进修教育的发展。

汉语进修学院的学术委员会为本论文集的编选做了大量认真、细致的评审工作，学院教师周婉梅、白浩、姚路宁、穆雅丽为论文的整理和编校付出了大量的心血，在此向他们的辛勤劳动表示感谢。同时，还要诚挚地感谢北京语言大学项目（中央高校基本科研业务费专项资金）经费的支持，感谢九州出版社为我们提供了出版论文集的宝贵机会。感谢责任编辑安玉霞女士所做的认真细致的编辑工作。

北京语言大学汉语进修学院

《汉语进修教育研究》编委会

2018年11月

目　录

语言本体研究

现代汉语移动类位移事件结构及相关介词研究

孟艳华

提 要 本文在分析行为事件与位移事件两种不同事件类型、事件结构、事件图式的基础上，重点考察了"从、向、到、在"四个介词介引位移"起点/路径、方向、终点"等事件成分时的前位表达结构和后位表达结构，提出两种表达的本质区别在于它们分别激活了行为事件图式与位移事件图式。文章最后结合语言类型学的观点和汉语构词的特点，从概念化的角度分析了移动类位移事件中主要动词的词汇化模式。

关键词 行为事件 位移事件 事件结构 词汇化 介词结构

一、引言

现代汉语位移事件中，"在"和"向"介引处所或方向时，存在着前位与后位两种表达方式，有些可以换位，如下例（1）（2）；有些不能，如下例（3）（4）（崔希亮，2004）：

（1）a. 你在床上睡吧。

　　 b. 你睡在床上吧。

（2）a. 水向低处流。

　　 b. 水流向低处。

（3）*a. 武器在地上丢了。

　　　　　　b. 武器<u>丢在地上</u>。

（4）*a. 这有利于世界<u>向多极化走</u>。

　　　　　　b. 这有利于世界<u>走向多极化</u>。

　　上例中a 为前位表达，b 为后位表达。本文拟从移动类位移事件的事件结构角度来考察前后位表达的差异以及换位的条件。

二、事件类型、位移事件、移动类位移事件

2.1　事件类型

　　在语言学中，人们从不同角度来研究事件。

　　根据事件图式的不同，有研究者提出了七类重要的事件图式，即存在（Being）、进行（Happening）、行为（Doing）、经历（Experiencing）、拥有（Having）、位移（Moving）、转移（Transferring）（Talmy，2000；李福印，2006）。

2.2　行为事件与位移事件

　　行为事件是回答"某人正在做什么""某人做什么"这样的问题。其中的个体被看作能量的来源，导致某行为的发生。施事常常由人充当，如下例（5）、（6）：

（5）John got up early.

　　（约翰起得很早。）

（6）He painted all the morning

（他一上午都在涂来画去。）

位移事件图式是行为图式结合"起点——路径——终点"图式构成的复杂图式。如下例（7）、（8）：

（7）The apple fell from the tree into the grass.

（苹果从树上掉到了草丛里。）

（8）I climbed from my room up the ladder onto the roof.

（我从屋里顺着梯子爬上了屋顶。）

行为事件与位移事件作为两种不同的事件类型，其主要区别如下：

首先，处所成分的地位不同。在位移事件中，受事为必有论元，施事为可有论元，"起点—路径—终点"等处所成分所提供的是位移框架的内部参照成分（Laura Carlson & Emile van der Zee，2005；陈忠，2007），它们在位移事件中是必有成分。如下例所示：

（9）从遥远的山下传来几声悠长而苍凉的驴叫。（尤凤伟《石门夜话》）（起点）

（10）他想，她坐的飞机是去加州的，正是飞向西面，那么，此时此刻，她也定会沐浴在这金红的光辉里吧。（田小菲《哈得逊河上的落日》）（方向）

（11）我站起来，走到大衣柜的镜子前怜惜地看着自己，"瞧瞧你都成了什么样子。"（王朔《一点正经没有》）（终点）

（12）钢琴摆在优美的葡萄园中，葡萄园中的葡萄，胖嘟嘟的，个个含着清晨的露珠。（刘震云《土塬鼓点后》）（终点）

上例（9）中"从"介引"起点"成分，例（10）中"向"介引"路径"

成分，例（11）中"到"介引终点成分，例（12）中"在"介引终点成分，它们都是必有成分。而在行为事件中，施事为必有论元，受事为可有论元。处所为外部论元，表示行为存在、发生的场所。如下例：

（13）陈乞从车里挑开窗帘问："这就到了晋国了吗？"（冯向光《三晋春秋》）（行为发生的场所）

（14）"花瓶可是好端端地在大立柜上放着，你抹灰尘给抹碎了，你倒有资格说我了！"（刘震云《一地鸡毛》）（存在场所）

上例（13）中"从车里"表示行为发生的场所，例（14）"在大立柜上"表示存在场所，它们都是外部论元。

其次，两者的事件图式不同，分别如下（15）（16）所示：

（15）位移事件：位移主体 + 起点 /路径 /方向 + V + 终点

位移主体 + 起点 /路径 + V + 方向 /终点

（16）行为事件：施事 +（处所）+V+（受事）

当位移主体为有生命的人或动物，且动力来源为自动力的时候，位移主体与施事的某些特点重合，需要仔细辨别处所成分是表示动作发生或存在的"处所"还是表示位移的"起点 /路径 /方向/终点"。例（1）—（4）中的a式均为行为事件图式，b式为位移事件图式，这是前位句与后位句的本质区别。当然，处所成分能否换位受语义、构词等因素制约，如例（3b）表示的是武器的移动终点，而不是场所；例（4b）中"走向"已经词汇化了，单音节"走"不符合"韵律词"（冯胜利，2005）的要求，不能自由使用。

2.3 位移表达与移动类位移事件

语言使用一定的手段来表达位移概念。在位移表达中，至少有一个事件参与者发生了空间位置的转移或者概念域、概念范畴的转移。现代汉语中，位移表达主要有以下类型：

2.3.1 自动力位移主体现实移动类事件

位移主体在现实中发生了空间位置的转移。在现代汉语中主要有三种表达方式：

a类：由介词介引"起点——路径——方向——终点"，如：

（17）若一个没按住，饭粒儿由衣服上掉下地，他也立刻双脚不再移动，转了上身找。（阿城《棋王》）

b类：处所宾语句。谓语动词通常为"来/去/穿越"等动作动词，"起点——路径——方向——终点"充当宾语。属于行为事件。如：

（18）这一意外使他们比原定时间晚一小时又二十分钟到达驼背岭。（廉声《月色狰狞》）

c类：补语句。谓语动词和方向补语一起来表示位移动作及方向。如：

（19）他站起来，踌躇了一下，大步走了出去。（廉声《月色狰狞》）

2.3.2 现实变化类位移事件

表示变化主体在变化、消失、出现等状态方面的转移。如下例（20）

（21）：

（20）直到女人又由啼哭变为哽咽方把盅撂在桌子上，朝女人瞪眼吼叫。（尤凤伟《石门夜话》）

（21）等那个暗绿色身影从视线中消失，饶双林闪身出了旅店。（廉声《月色狰狞》）

2.3.3 虚拟位移事件

位移主体并没有发生现实的移动或变化，而是在言语行为、心理活动、概念范畴、主观认知等方面的移动、变化。如下例（22）（23）：

（22）大家笑起来，向外嚷："你到底来是不来？"（阿城《棋王》）

（23）我注意到，她比刚才活跃许多，一举一动有了一点表演的色彩，她已经意识到此刻她拥有一老一少两个虔诚的观众。（朱文《我爱美元》）

2.3.4 外动力位移主体宾语句

按照其语义情况，分为两种：

a类：求取施予双宾类。位移主体是求取、施与的对象，经常可转换为双宾语句。这类事件为转移事件，如：

（24）前些天，从我们学校转寄给我的那封信，是一个加州老板写给我的。（《人民日报》1995-01-12）（学校转寄我一封信）

b类：单宾类。基本句式上为"主语＋V＋宾语（位移主体）"。这类句子有很强的行为活动性，但为了考察的全面性，也在本文的考察之列。如：

（25）近两年来，市委采取从机关或经济单位多渠道选拔人才的办法，向街道领导班子充实党员骨干。（《人民日报》1995-01-12）

（26）申涛停下脚，从挎包里取出一团红红绿绿的东西隔着水桶递给了秀秀。（礼平《小战的黄昏》）

2.3.1 中的a、b类与2.3.4 中的b类的共同特点是：位移主体在现实中发生了空间位置的转移；位移主体可出现在基本句型中的主语或宾语位置；其事件结构中包含"起点—路径—方向—终点"等位移处所内部参照成分。本文把它们界定为"移动类位移事件"。

我们认为，移动类位移事件处于位移事件的原型地位，本文拟以移动类位移事件句为研究对象，通过研究介引"起点—路径—方向—终点"成分的介词"从、向、到/在"，来分析具体的事件结构，试图找出制约其语序的限制性条件。

本文所用语料来自北京大学现代汉语语料库，具体包括"现当代文学作品"与《人民日报》两部分，每部分约100万字，总计200万字。

三、移动类位移事件的内部元素与事件结构分析

3.1　移动类位移事件的内部元素

移动类位移事件的内部元素包括位移主体、位移动作、位移"起点—路径—方向—终点"。位移主体通常由名词性成分充当。典型的起点和路径由介词"从"介引，方向由"向"介引，终点由"到"介引。

3.2 介词"从"

我们检索出436个"从"所在的移动类位移事件句，共有4种结构类型：

a类：位移主体 +从+ 处所 + V + 补语 + 处所

b类：位移主体 +从+ 处所 + V + 补语

c类：位移主体 +从+ 处所 + V

d类：（施事）+ 从+ 处所 + V + 补语 + 位移主体

上述句式中的"补语"基本表示位移物体的路径或方向。其具体类型如表1所示，分别如下例（27）—（29）所示：

表1 补语形式及功能

补语形式	功能
回/出/上/下 + 来/去	表示"路径+方向"
来/去	表示"方向"
出/起/回/过	表示"路径"

（27）鲜花从四周看台纷纷扬扬地扔下来……裁判员穿着白色的裁判服进入赛场，在赛台四周各国的位置上坐好。（王朔《千万别把我当人》）

（28）要是王景这时从花丛中走来，她应该不会犹豫，她会拨开花丛一径迎向他，任他挽住，一道去走遍天涯。（赵琪《告别花都》）

（29）全市60%的管道煤气从这里流出，为今年再增加60万煤气用户备足了"粮草"。（《人民日报》1995-01-05）

上述各类句式中，a类句式的补语为"向/往/到/进/入"等，介引终点成分，整个句式表达从起点到终点的移动。如下例（30）（31）所示：

（30）还在很早很早以前，印第安人的祖先就通过白令海峡从亚洲迁徙到现在加拿大不列颠哥伦比亚省的西部。（《人民日报》1995-01-09）

（31）柔石正是从这座小桥走向了刑场，也走向了不朽！（《人民日报》1995-01-09）

c类句式不含明显的补语成分，动词主要有两类：其一是"方式+ V"组成的四字短语，如纷至沓来、擦肩而过、一跃而过、鱼贯而出等，可见例（32）；其二是"V+补/宾"组成的双音节词，如撤离、撤退、归来等，可见例（33）：

（32）但是在片刻的宁静以后音乐大作，从后台鱼贯而出的却是一个个身着时装的模特儿……（朱文《我爱美元》）

（33）她似乎每天都从这条街经过。（王朔《痴人》）

d类句式中，位移主体为宾语，"从"介引的是宾语位移起点，如下例（34）：

（34）他一手插在西服坎肩斜里，一手从侍者的托盘上端了一杯酒，内行地品着……（王朔《千万别把我当人》）

当施事不出现时，某些情况下，d类句式可以变换为b类句式或者存现句式，如下例（35）所示：

（35）a.不知从哪儿飘来一股菜饭的香味儿，他一抬头，见一个姑娘立在他的面前。（浩然《夏青苗求师》）

b.一股菜饭的香味儿不知从哪儿飘来，他一抬头，见一个姑娘立在他的面前。

c.不知哪儿飘来一股菜饭的香味儿，他一抬头，见一个姑娘立在他的面前。

通过上文分析可知，"从"介引的位移事件句有以下特点："从"所介引的处所成分表示位移主体的位移起点或路径，指向位移主体；"从+处所"只出现于动词前位；位移主体可出现在主位和宾位两个位置，只有可变为存现句的句子才可以进行主宾位变换。

在我们检索到的436个句子中，四类句式的分布情况如下图1所示，其中句式a、b、c为位移主体主语句，句式d为位移主体宾语句。

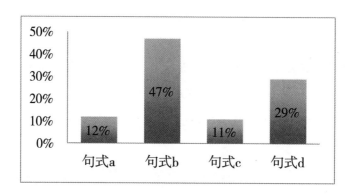

图1 "从"类位移事件句句式类型分布图

3.3 介词"向"

"向"所介引的短语，出现在以下五种结构中，分别如例（36）-（40）所示：

a类：位移主体 +向+ 处所 + V + 补语 + 处所

b类：位移主体 +向+ 处所 + V + 补语（来/去）

c类：位移主体 +向+ 处所 + V

d类：（施事）+ 向+ 处所 + V +（补语）+ 位移主体

e类：位移主体 + V+ 向 + 处所

（36）那个砂锅小店其实很好找：从川黔公路上<u>向西拐进</u>小公路，驶约三公里即是梨深沟镇，镇外几十公尺即是那小店，店名叫"三娃"系店主小名。（莫怀戚《陪都旧事》）

（37）就在这时候，远处扬起一阵烟尘，不知有多少千军万马<u>向晋阳方向冲来</u>。（冯向光《三晋春秋》）

（38）然后，二人加入一步一磕头，站起跪下走走停停的朝拜队伍<u>向香烟缭绕的大雄宝殿移动</u>。（王朔《千万别把我当人》）

（39）因为我就是这样一个廉价的人，在火热的大甩卖的年代里，属于那种清仓处理的货色，被胡乱搁在货架的一角，谁<u>向我扔</u>两个硬币，我就写一本书给你看看。（朱文《我爱美元》）

（40）只见红色发怒的妇女一次次<u>冲向主持人</u>，毫不停顿，永不疲劳。（王朔《千万别把我当人》）

其中，b类、e类句式之间在某些条件下存在前后位句式变换关系，如："向晋阳方向冲来——冲向晋阳（方向来"）；"冲向主持人——向主持人冲来"。当然变换是有限制性的，在句式转换时，前位句的补语（常由"来""去"充当）在后位句中不再出现，其句法位置由"向"进行补充，不能再出现表示动作方向或结果的其他补语成分。这表明"向"在后位时与动词的关系更紧密，表现出词汇化倾向。

c类、e类句式在某些条件下之间存在单双音节的前后位互补分布关系，如："向大雄殿移动——移向大雄殿"；"冲向主持人——向主持人冲击"。c类句式中的动词为双音节动词，与b类句式的单音节动词和补语构成的双音节语法词句法地位相当。

我们共检索到例句381句，各句式的数量分布情况，如下图2，其中句式a、b、c、d为前位句，句式e为后位句。

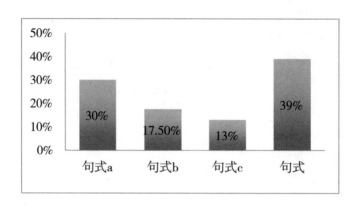

图2 "向"类位移事件句句式类型分布图

通过进一步分析可知，"向"出现的移动类位移句有如下特点：

首先，"向"及其所介引的成分可以出现在动词前、后两个位置，音律在其中起着很大的作用，如果是单音节动词，通常带补语，双音节动词通常为光杆动词；出现于单音节动词后时，不能再带单音节的其他补语成分。

其次，在某些条件下，"向"出现的句式有些呈互补分布，有些可以进行句式变换。

最后，"向"与"终点成分"的共现受到很大限制。因为"方向"隐喻"目标"，而"目标"转喻"终点"，指明"方向"便可以满足交际需求。

3.4 介词"到"

通过语料分析，在移动类位移事件中，"到"出现于下面两种句式中，分别如例（41）—（43）所示：

a类：位移主体 + V + 到 + 处所

b类：（施事）+（把）+ 位移主体+（被）+V +到+处所

（41）杜大叔刚要<u>跑到头里</u>去开大栅栏门子，只见大门早就朝他敞开了。（浩然《夏青苗求师》）

（42）老婆一开始是责备保姆，怪她不打开塑料袋，<u>把豆腐放到冰箱里</u>。（刘震云《一地鸡毛》）

（43）1990年以来……单是县以上机关就有1700多名有潜力的<u>年轻干部被选送到上级部门挂职</u>。（《人民日报》1995-01-09）

我们共检索到"到"类移动类位移句169个，考察了位移主体位置与动词单双音节的数量分布情况，结果如下图3所示，其中第一组2列为句式，即位移主体位置分布情况，第二组2列为动词类型，即动词单双音节分布情况。

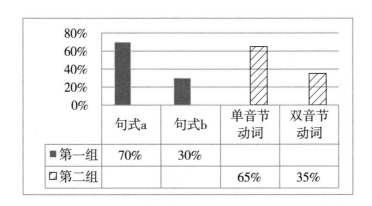

	句式a	句式b	单音节动词	双音节动词
■第一组	70%	30%		
□第二组			65%	35%

图3 "到"类位移事件句句式、动词类型分布图

从上文分析可知，介词"到"出现的移动类位移事件，有两个特点，其一是位移主体均出现于动词前；其二是不论动词音节数目多少，"到"所介引的终点成分只出现在动词后。

3.5 介词"在"

介词"在"既可以介引事件发生或存在的场所，又可以介引位移事件的终点，前者为行为事件句，后者为位移事件句。在绝大多数情况下，在动词前时表示事件活动的场所，表示位移事件终点时，用在谓语动词后，与"到"同义。构成如下所示的配对组：

事件活动的场所 —— 谓语动词前

位移事件的终点 —— 谓语动词后

但是，有时也存在所示的错位情况，具体如例（44）—（45）所示。

事件活动的场所 ╳ 谓语动词前

位移事件的终点 ╳ 谓语动词后

（44）1988年治理东山时，整个冬季，孙士元带领11名村干部全部吃住在山上，他们吃煎饼就生萝卜，住简易的工棚。（《人民日报》1995-01-03）

（45）后来兵荒马乱，家道败了，倪祖就卖了家产，到处走，常在荒野店投宿，遇到一些高士。（阿城《棋王》）

介词"在"出现的移动类位移事件句，共有三种句式，具体如下例（46）—（48）所示：

a类：位移主体 + V + 在 + 处所

b类：（施事）+（把）+ 位移主体+（被）+V +在+处所

c类：位移主体 + 在+ 处所+ V +（位移主体）

（46）干着干着，腿不听使唤了，一下子摔倒在地里。（《人民日报》1995-01-05）

（47）姑娘两只眼睛热情地望着他，随即把饭菜摆在炕上，说："吃吧。"（浩然《夏青苗求师》）

（48）我倒不知怎么走了，手在棋盘上游移着。（阿城《棋王》）

我们共检索到了478个"在"类位移事件的例句，句式及单双音节动词的数量分布情况如图4所示，其中第一组为句式分布情况，第二组为动词类型，即单双音节分布情况。

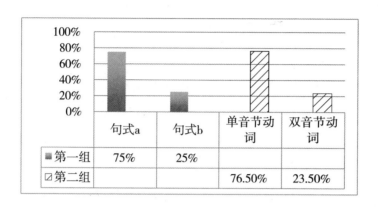

	句式a	句式b	单音节动词	双音节动词
■第一组	75%	25%		
☑第二组			76.50%	23.50%

图4　"在"类位移事件句句式、动词类型分布图

由上文分析可知，介词"在"介引的位移事件，绝大多数为后位句（句式a式、b式），且后位时不受动词音节数目的限制。

3.6　小结

通过分析介词"从、向、到、在"在位移句中的表现，我们认为：

首先，移动类位移事件的基本事件结构为："位移主体＋起点/路径/方向＋V＋终点"或"位移主体＋起点/路径＋V＋方向/终点"。

其次，介词"从"只出现于谓语动词前；介词"到"只出现于谓语动词后。都不受音律的限制。

第三，介词"向"在动词前后均可出现，但是受音律限制较多：在后位时，其前为单音节动词。

第四，介词"在"出现的前后位，不受音律限制，但是表义不同。总体上来说，前位是行为事件句，表示活动或存在场所，后位是位移事件句，表示位移终点。

四、动词词汇化研究

在移动类位移事件中，存在着动词词汇化的不同方式。关于位移事件中的词汇化，当前有一些研究（韩大伟，2007；娄宝翠，2004；严辰松，1998）。严辰松（1998）研究了运动事件的词汇化模式，得出汉语中动词可以表达"处所+方式"义，如"立、竖、挂、靠、倚、躺、浮、悬"；"移动+方式"义，如"滑、滚、溜、跳、弹、漂"；"移动+原因"义，如"推、拉、扔、摔、扛、踢、吹、弹、砍、锯、敲"。

韩大伟（2007）认为：汉语中表达"路径"含义的动词有沉、穿、出、达、到、掉、过、回、降、进、开、来、离、临、起、去、散、上、入、升、下、前进、后退等。

娄宝翠（2004）认为英汉语附加语（verb-satellite）表达路径与汉语有相似之处，附加语在汉语中具体的表达形式是动词的趋向补语和结果补语，如："去、来、上、下、进、出、到、倒、过、起、掉、走、回、拢、开、散、起来、进来、出来、上来、下来、回来、过来、进去、出去、上去、下去、回去、过去、打破、倒满"等。

这些研究分析了位移事件中动词的特点，实际上是关于位移事件中动词的研究，是汉语动词最初造词时的概念化研究（韩大伟，2007；严辰松，1998），认为汉语的趋向补语与结果补语成分是短语而非词（娄宝翠，2004）。

本文所谓词汇化，是指句法层面的短语固化。从共时上说，词汇化就是把一个短语当作词汇中的词，使用时直接从词库中提取。如果一个成分依照构词法的标准规则产生，并可以立即被理解，这个成分就是词汇的一部分（Hadumod Bussmann，1996：279）。

4.1 动词词汇化类型

Talmy（2000）根据位移事件中，动词与路径概念化为一个词还是与方式概念化为一个词，把世界上的语言分为两大基本类型：第一类为动词框架型（verb-framed）语言，动作的路径并入到主要动词中，包括罗马语系、波利尼西亚语、般图语、日语等；第二类为附加词框架型（satellite - framed language）语言，主要动词中并入了表达动作的方式或原因的成分，路径由分词、词缀或补语等附加语成分表达，包括汉语、英语、其他印欧语系语言、芬兰—乌戈尔语族语言。

Chenzhi Chu（2004）认为虽然汉语中很多动词确实概念化了原因和方式成分，也有不少动词构词概念化了路径成分，因此两种类型并存。

4.2 现代汉语位移动词分析

我们把移动类位移事件中的动词叫作移动动词。根据汉语词汇音节的特点，移动动词主要可分为三类：单音节移动动词、双音节移动动词、三音节移动动词。

根据《汉语动词用法词典》（孟琮等，1999），单音节移动动词主要是身体动作动词，如"站、睡、躺、滚"等身体动作；"投、搬、放、挂"等手部动作；"看、听、喝、吹"等五官动作；"踢、跑、跳"等脚部动作，还有自然类动作动词，如"漂、流、飞"等。毋庸置疑，这些动词都概念化为"方式/原因"成分。

单音节在句法中几乎不能单独使用，它们常常双音节化为双音节词或者短语。"方式+移动"是现代汉语重要的能产的构词方式之一。如下例，仅"方式/原因+动"就可以构成50多个词语（参考《倒叙现代汉语词典》）：

（49）摆动 变动 波动 颤动 抽动 触动 蠢动 打动 带动 调动

抖动　翻动　浮动　改动　感动　鼓动　轰动　撼动　滑动　晃动

挥动　抽动　搅动　惊动　开动　滚动　流动　盲动　萌动　牵动

扰动　骚动　煽动　耸动　挑动　跳动　推动　妄动　舞动　翕动

摇动　移动　引动　躁动　震动　振动　转动　走动　自动　掀动

与此同时，"动词+路径"也是现代汉语重要的能产的构词方式之一（董秀芳，2007；冯胜利，2005）。很多"动词+路径"方式构成的成分被认为是标准的词汇而收入现代汉语词典，有些则没有收入词典。我们认为，这些"动词+路径"构成的成分至少是语法词，属于韵律词范围，它们进一步固化后，即成为标准词汇词，即发生词汇化。如"动词+出"构成的词/短语如下：

（50）发出　进出　娩出　输出　推出　脱出　析出　展出　支出　指出

　　　拿出　撒出　走出　吐出　跳出　扯出　伸出　送出　献出　抛出

　　　跑出　溢出　移出

"出"表示动作的路径，上述语法词属于"动词+路径"的构词方式。换一个角度看，由于"出"本来也是一个单音节动词，如果把单音节"出"看作"表示路径的动词"，那么，其前的成分就是"方式/原因"。

其他动词和简单趋向补语或部分结果补语构成的语法词，如"单音节动词+回/入/来/去/上/下/起/进/到/在/向/落/过"等，都既可以分析为"方式/原因+移动"，又可以分析为"动词+路径/结果"，如下例（51），这是因为，单音节动词整合了"方式/原因"概念，而补语成分表达了"路径/结果"概念。

（51）走回　飞入　冲来　跑来　走来　追去　退去　拐去　下去

　　　爬上　爬下　升起　蹿起　腾起　透进　扔进　排到　分到

　　　塞到　扔到　靠在　摆在　撞在　躺在　转向　面向　指向

　　　垂落　跳落　滚落　坠落　渡过　擦过　绕过　通过　驶过

由于语言演化，现代汉语词汇由单音节词发展为双音节词，因此表"方式/原因+移动"的单音节动作动词，与表"移动+路径/结果"单音节趋向或结果动词结合在一起，造成了双音节动词概念化为"方式/原因、移动、路径/结果"三种语义。

与位移事件有关的三音节动词主要有两类：单音节动词＋双音节趋向动词；双音节动词＋简单趋向/结果动词。如下例（52）所示：

（52）走进来 探进来 漏下来 落下来 转过来 冲上去 爬下来

　　　滑落到 蔓延到 转移到 疏散到 屹立在 停泊在 埋伏在

这两组三音节动词，同样可以分析为"方式/原因＋移动＋路径/结果"。

以上所说的双音节、三音节动词，也就是通常所说的"动补结构"，由于汉语中词汇/词法层面与句法层面并不存在一条非常清晰的界限，因此，有人主张把它们划分为短语，有人主张划归为词。

由于单音节动词在句法中不能自由使用，因此，我们认为，所谓"动补结构"实际上是语法词，进一步固化后就会成为词汇词，因此说，存在词汇化现象。

4.3　汉语移动类位移事件的动词词汇化类型

通过语料分析，在现代汉语移动类位移事件中，动词词汇化主要类型如下：

a类：动词与其后的方向补语成分的词汇化，即"单音节/双音节动词+趋向/结果动词"，主要出现在"从""向"介引的位移句中。如"经过、流出"等。

b类：动词与其后的介词"向""到""在"的词汇化，即"单音节动词＋

向""单双音节动词+ 到/在",如"走向、放在"等。

c类:动词与其前形容词成分的词汇化,主要出现在"向、从"所在的位移句"向/从 +地方 + Adj. +光杆动词",如"飞奔、疾驶"等。

d类:动词本身表示"方式+移动",如"摆动、波动"。

分析可知,绝大多数词汇化方式为a类和b类,其词汇化的内容比较复杂,如果把词核心分析为词尾音节,则动词概念化的内容为"方式/原因 +移动";如果把词核心分析为词首音节,则动词的概念化的内容为"移动+路径/结果"。所以,综合这两个角度来看,我们认为,a类和b类词汇化的内容包括三项内容:第一,"方式"或"原因";第二,"移动";第三,"路径"或"结果"。

在我们检索到的移动类位移句1464句中,a、b、c、d四类词汇化方式的数量分配情况如下图5所示,其中a、b两类词汇化方式占大多数,c类词汇化方式最少。

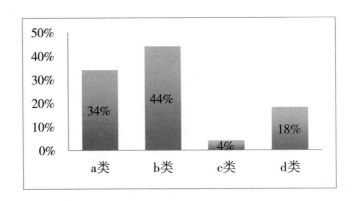

图5 四类词汇化方式分布情况图

根据统计数据,我们有理由认为,汉语既非动词框架型语言,又非附加词框架型语言,而是三位一体型,即动词同时概念化了"方式、原因""移动"以及"路径、结果"意义。

五、结论

本文从行为事件、位移事件的联系与区别角度，提出介词前位句与后位句的根本区别在于它们分别对应着行为事件与位移事件。在此基础上，文章通过分析位移表达方式，提出"移动类位移事件"的概念，并结合语料具体分析了现代汉语中"从、向、到、在"四个介词出现的移动类位移事件结构，对现代汉语移动类位移事件结构与特点做了全面描写。这四个介词在移动类位移句中的句法表现，如下表2所示：

表2 四类介词在移动类位移句中的句法表现情况表

	动词前	动词后	位移主体主语	位移主体宾语	位移主体介宾	方向补语
从	+	—	+	+	+	+
向	+	+	+	+	+	前位+；后位-
到	—	+	+	—	+	
在	+行为句	+位移句	+	—	+	—

文章还结合汉语位移动词特点与类型学理论，提出现代汉语移动类位移事件的动词词汇化模式为"方式/原因+移动+终点/结果"三位一体型。

移动类位移事件在位移事件系统中处于原型地位。本文结论能否推广到变化类、虚拟类位移事件中，仍待研究。

参考文献

[1] 陈　忠（2007）复合趋向补语中"来/去"的句法分布顺序及其理据，《国外语言学》第1期。

［2］崔希亮（2004）《事件语义学与汉语介词研究》，北京大学博士研究生学位论文。

［3］董秀芳（2007）从词汇化的角度看粘合式动补结构的性质，《语言科学》第1期。

［4］冯胜利（2005）《汉语韵律语法研究》，北京：北京大学出版社。

［5］韩大伟（2007）"路径"含义的词汇化模式，《东北师大学报（哲学社会科学版）》第3期。

［6］李福印（2007）《语义学概论》（修订版），北京：北京大学出版社。

［7］娄宝翠（2004）路径和体在运动事件中的词汇化模式，《平原大学学报》第4期。

［8］孟琮等编（1999）《汉语动词用法词典》，北京：商务印书馆。

［9］严辰松（1998）运动事件的词汇化模式——英汉比较研究，《解放军外语学院学报》第6期。

［10］中国社会科学院语言研究所（2002）《倒序现代汉语词典》，北京：商务印书馆。

［11］Chengzhi Chu（2004）Event Conceptualization and Grammatical Realization：The Case of Motion in Mandarin Chinese, P. H. D. dissertation.

［12］Laura Carlson & Emile van der Zee（2005）*Functional Features in Language and Space*, *Oxford University Press*.

［13］Hadumod Bussmann（1996）*Routledge Dictionary of Language and linguistics*, Foreign Language Teaching and Research Press/Routledge.

［14］Talmy（2000）*Toward a Cognitive Semantics*, *Vol.2*, The MIT Press.

北京人对声母 /w/ 及其变体 /v/ 使用情况的调查

邱彤村

提　要　汉语的声母/w/在北京话中有一个变体/v/，本文通过被试朗读，主试听音记录的方式，记录了老、中、青、少四个年龄组被试的发音情况，发现变体/v/的出现情况不是随意的，而是受韵母发音、语流音变和语用因素等的影响。

关键词　北京话　朗读　声母/w/

一、问题的提出

说起普通话，北京人常常有一种自豪感，常常认为自己说的就是标准的普通话。其实不然。汉语普通话以北方话为基础方言，以北京语音为标准音，以典范的现代白话文著作为语法规范。其含义就指明了北京话与普通话是有差别的。这种差别会表现在语法上，会表现在词汇上，当然也会表现在语音上。本文想从语音差别上的一个方面来调查及分析北京话语音的使用情况。/w/在北京话中有个变体/v/，比如在这样一个对话中：

A："吃完了吗？"

B："刚吃完。"

问话人和答话人在"完"这个音上常常用的不是/wan35/，而是/van35/。类似这样的例子还有很多。本人曾就这种现象对北京人进行过调查："你在说话中有没有注意到把/w/的发音发成了/v/？"而他们表示没有察觉。是所有北京人还是个别北京人用/v/代替/w/，是一律说/v/还是有时说/w/有时用/v/？如果是前者，那么为什么会造成这样的情况？如果是后者，那么什么情况下用/w/，什么情况下用/v/？它们有没有规律性的分布？为什么会有这样的分布？

二、调查方式

2.1 调查对象

2.1.1 被试组别

选取老、中、青、少四个年龄组：老年组61岁以上；中年组40—60岁；青年组20—39岁；少年组19岁及以下。

2.1.2 被试数量及选择

每一组选25个被试，不考虑性别，被试都是在北京出生、北京长大且离开北京的生活时间不超过两年。

2.2 数据收集

被试出声朗读句子，主试观察口型、听音记录/w/、/v/的使用次数。对于听辨不清的句子，主试让被试重复朗读。

2.3 被试所朗读的句子构成

普通话中，有/wa/、/wai/、/wan/、/wang/、/wei/、/wen/、/weng/、/wo/、/wu/9种形式，每一个形式选了三个句子，三个句子为一组（/weng/选取两个口语常用词入句)，被试依次朗读句子（详见文后附录1)。

2.4 问卷调查

被试朗读完句子后作答问卷，完成后当时收回。被试对于问卷中不太了解或不太清楚的某些术语，主试会给予解释说明（详见文后附录2）。

三、结果

3.1 声母发音受韵母的影响

在当韵腹为/a/、/e/时，四个年龄组被试整体上选择/v/，当韵腹为/o/、/u/时，被试整体上选择/w/（表1、图1），北京人在这两个音的选择上一定程度受韵母发音的影响。当韵母（尤其韵腹）发音为圆唇度高的音时，被试选择/w/，当韵母（尤其韵腹）发音为圆唇度低或非圆唇的音时，被试选择/v/。

表1　/w/与不同韵母组合后声母发音情况

组别	/wa/	/wai/	/wan/	/wang/	/wei/	/wen/	/weng/	/wo/	/wu/
老年组	16%	11%	11%	13%	8%	5%	17%	95%	96%
中年组	11%	7%	9%	8%	8%	5%	17%	96%	93%
青年组	8%	5%	7%	5%	3%	8%	22%	100%	99%
少年组	8%	4%	3%	8%	8%	7%	11%	100%	99%

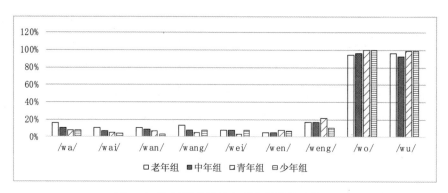

图1 /w/与不同韵母组合后声母的发音情况

3.2 受语流音变的影响

附加句中，被试朗读/ ang/、/a/、/an/、/en/、/ai/这些圆唇度低或非圆唇的韵母音时，整体性选择/w/，即如果在其前面的一个字的韵母发音是圆唇的/u/、/o/，受语流影响，其后一个字声母也会选择/w/，而不是/v/（表2、图2）。

表2 圆唇音后/w/的发音情况

组别	/wo/+/wang/	/wo/+/wa/	/wo/+/wan/	/zhu/+/wan/	/wu/+/wai/	/wa/
老年组	84%	89%	89%	87%	92%	12%
中年组	89%	93%	91%	92%	92%	20%
青年组	92%	95%	93%	95%	97%	72%
少年组	92%	96%	97%	92%	92%	84%

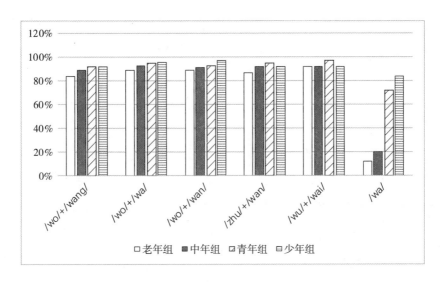

图2

3.3 语用因素上的差别

对于附加句中的最后一句"哇！好厉害！"中，"哇"字前面没有其他句，是个起始音词，老年组和中年组整体性选择了/v/，而青年组和少年组整体性选择了/w/。"哇"是个具有年龄使用选择差异的叹词，年轻人表示吃惊、出人意料或没想到的情态时使用，符合他们这一年龄段活泼、好表达自己感情的特点。而中年人和老年人几乎不使用这个词表达非常吃惊、出乎意料的情态，他们的年龄和社会身份差异在语用上也约束了他们的情态表达词的使用，他们会选择其他词语或表情来表达类似的情态，对使用这个叹词的低频性和不敏感性，致使他们在发音上选择/v/而不是/w/。

3.4 /w/和/v/在语言历时发展层面的情况

从历时的角度来看，不同年龄组对选择/w/或/v/情况没有明显的发展变化

（表1，图1），使用情况趋同，说明这种语言现象存在时间较长，至少在此次调查的老中青少四个不同年龄段群体中没有体现出发展变化规律。

3.5 问卷结果

被试中有94%表示没有意识到/w/、/v/发音情况的不同，在北京人生活的社会环境中，也没有其他非本地人向他们提出过这个问题，表明这两个音的区别度不大，不会引发意思理解上的障碍。基于此，在整个北京话使用者中，/w/、/v/可视为自由变体。

当被问到如果现在要纠正发音，从/v/改到/w/被试是否愿意时，被试中有89%表示不愿意改变，剩下的被试均选择"无所谓"，没有人选择"愿意"。而与之相对应的是问卷中的第二题，所有被试在上小学学习拼音阶段也没有老师提出过这个问题。这不是普通话推广工作的不到位，而是语言使用上的一种体现，即在一定的社会地域内，人们对语言的使用更看重某种约定俗成性和功能性。在不影响交际的情况下，人们一般都不喜欢改变已经形成的语言表达习惯。

参考文献

［1］崔荣昌，王华.从基本词汇看北京话同普通话和汉语诸方言的关系［J］.语文建设，1999（02）：9-12.

［2］金汕.北京话走进现代［J］.北京社会科学，1996（02）：50-56.

［3］雷雨良.北京话不等于普通话［J］.益阳师专学报，1980（00）：90-47.

［4］现代汉语［M］.高等教育出版社，黄伯荣，廖序东主编，2002

［5］语言学方法论［M］.外语教学与研究出版社，桂诗春 宁春岩，1997

［6］周一民.普通话和北京语音［J］.北京社会科学，2007（01）：65-70.

附录1

朗读句子

（1）小明在地上挖了一个坑，想种一棵小树。

（2）小女孩都喜欢娃娃。

（3）我找到他的袜子了。

（4）这幅画挂歪了。

（5）他去外地了，他想看看外面的世界。

（6）他又不是外人。

（7）雪真大，把树枝都压弯了。

（8）昨天小明吃了冬瓜丸子汤。

（9）这么晚了你去哪儿？

（10）他姓王。

（11）他忘了带雨伞。

（12）他真希望能去美国旅游。

（13）过马路不看车多危险。

（14）你为什么不告诉他这件事？

（15）他觉得毛泽东是最伟大的人。

（16）明天的温度怎么样？

（17）他昨天被蚊子咬了好几个包。

（18）这个题你该问问老师。

（19）有一种鸟叫白头翁。

（20）小蜜蜂嗡嗡嗡。

（21）他在鸡窝里找到了两个蛋。

（22）我明天去上海。

（23）他不舒服在床上卧了一天。

（24）我不喜欢乌龙茶。

（25）一二三四五。

（26）昨天上午没事。

附加句

（1）我忘了告诉你，他明天不来了。

（2）我挖了一个坑。

（3）我万一没拿怎么办?

（4）饺子煮完了吗?

（5）他无外乎从这两个中选一个。

（6）哇，好厉害!

附录2

问卷调查

姓名＿＿＿＿＿＿＿＿　　　年龄组＿＿＿＿＿＿＿＿

（1）你在发音时，像"娃""歪""晚""王""为""问""翁""我""无"这些字，声母是/w/，你有无意识到你实际读的是/v/不是/w/?

  A. 意识到了。

  B. 没意识到。

  C. 偶尔。

（2）你在上学过程中（含小学、中学和大学）有无语文老师提醒过你/w/、/v/的区别?

  A. 有。

  B. 没有。

（3）有没有其他北京人曾经问过或提起过/w/、/v/这个问题？

    A. 有过。

    B. 没有。

（4）你自己有没有注意到其他方言区的人说的是/w/而不是/v/？

    A. 注意到过。

    B. 没注意到过。

（5）现在你已经知道了/w/、/v/两种情况，若让你现在开始注意自己的发音，要读/w/，你是否愿意？

    A. 愿意。因为该说标准的普通话。

    B. 不愿意。因为已经习惯这样说了且不影响交际。

    C. 无所谓。

（6）北京话实际上属于北方方言，是方言的一种，你认为尽可能说标准的普通话好，还是在不影响交际的情况下，不需要特别注意这两种发音情况？

    A. 尽可能标准。

    B. 不影响交际的话，不需要特别注意。

含同一语素的同义单双音节动词句法差异探因 [①]

——以HSK甲级词为例

张 卓

提 要 单双音节同义动词的句法差异具有系统性和互补性，以往的学者对此现象做了较为详尽的描写，但解释不足。本文尝试运用"名动包含说"，以含有同一语素的同义单双音节动词作为研究对象进行句法分析，探索造成上述系统性差异的原因。研究发现单音节动词双音化之后指称性增强，其语法特征向名词倾斜，故可以较自由地充当主宾定语，而带宾语或补语则受到不同程度的限制。

关键词 双音化 指称性 陈述性 名动包含说

一、研究对象

1.1 双音节动词构词语素间的结构关系

刘丹青（1996）指出现代汉语动词的典型词长为单音节，但同时在现代汉语系统中仍大量存在与单音节动词互为同义或近义关系的双音节动词，这

---

① 本文曾以《"名动包含说"视角下的单双音节同义动词句法差异探因——以"学、学习"为例》为题目发表于 2018 年 6 月的《汉语国际教育学报（第四辑）》。此次发表在研究对象和语料方面有较大增改，特此感谢学院评委老师的评审意见。

一现象我们称为含同一语素的单音节动词与双音节动词同义并存现象。刘智伟（2007a）认为该类动词组的数量十分庞大，仅《现代汉语词典》（第3版）中具有解释和被解释关系的就有365组同素同义单双音节动词。就双音节动词构词语素间的结构关系而言，存在如下的类型：

　　　　学—学习（并列结构）　　　　　见—看见（动补结构）

　　　　见—见面（动宾结构）　　　　　尝—饱尝（偏正结构）

其中动宾、动补和偏正结构的结构义会对词义产生影响，使其与相对应的单音节动词语义偏差较大，不属于严格意义上的同义词。因此，本文的研究范围限制在并列式双音节动词与单音节动词的对比研究。

1.2　双音节动词构词语素间的语义关系

并列式双音节动词的两个构词语素间的语义关系又可以分为以下类型[①]：

买—购买（同义构词）　　　打—摔打（类义构词）　　　忘—忘记（反义构词）

"两字并列式汉语造词广泛应用的格式。有的，原来的单字意义有分别，造出来的词包括两个字的意义，不只等于其中一个"（吕叔湘，1963）。例如"摔打"除了与"打"的语义有关，还与"摔"的语义有关。再如"忘记"由意义相反的构词语素构成，虽然"记"的语义已经脱落，但我们认为仍会对整个双音词的语义留有影响。"但是很多是两字同义，至少在这里是同义，造成的词仍然是这个意义，只是双音化了"（吕叔湘，1963）。例如"买"与"购买"。刘智伟（2005）也认为同义复加是双音节动词能够与单音节动词构成同义关系的最主要、最便捷的方式。

---

　　① 我们的术语借鉴了张博（1996）对先秦五书中的双音节并列式研究的分类。

1.3 研究对象的选取

综上所述，由具有同义关系的构词语素以并列结构构成的双音节动词，跟与之相对应的可独立成词的单音节动词形成了语义差异和结构义差异最小的对比，可在最大程度上排除音节数以外的其他因素对句法差异的影响。因此，为了将语义变量、语素间的结构义变量对句法差异的影响控制在最小，本文以含有同一语素的单音节动词与由同义语素以并列式构成的双音节动词作为研究对象，探究该类同义动词句法方面系统性差异的成因。

那么我们怎么划定研究范围呢？仅《现代汉语词典》中具有解释和被解释关系的含同一语素的同义单双音节动词就有365组（刘智伟，2005、2007a、2007b），其中不乏使用频率偏低的词汇。出于对外汉语教学实用的角度考虑，我们以《汉语水平词汇与汉字等级大纲》中的甲级词为研究范围，先在甲级词范围内筛选出由同义语素以并列式构成的双音节动词，再在甲级词中找到与之相对应的同义的单音节同义动词，共得到了下面8组单双音节同义动词作为研究对象：比较—比、比赛—比、变化—变、改变—改、检查—查、使用—用、学习—学、增加—加。

二、研究现状及存在的问题

较早较全面关注单双音节问题的是吕叔湘先生（1963），吕先生指出单双音节问题"似乎是个性质颇为复杂的问题，其中有语法问题，也有语汇问题，修辞问题"，但涉及单双音节同义动词的篇幅较少。

专门以单双音节同义动词为对象的研究主要有张国宪（1989、1990）、刘丹青（1996）、程娟等（2004）、季瑾（2005）和刘智伟（2005、2007a）等。在单双音节同义动词的句法功能、句法特征和搭配等方面，各家达成了较为一致的共识：

1.单音节动词主要的句法功能是做谓语，双音节动词除了做谓语以外，还可以充当主语、宾语和定语。

2.单音节动词做谓语时搭配的宾语范围大，同义的双音节动词搭配宾语的范围受到一定的限制。

3.单音节动词做谓语时可带补语，同义的双音节动词一般不可带补语。

但是以往的研究对这些差异的分析还主要停留在描写层面，未能给出具有说服力的解释，上述不同的句法表现是受什么机制制约有待深入研究。

在音节韵律方面，研究者多认同音节制约对单双音同义动词来说具有普遍意义。

在语义方面，研究得到的一般规律为单音节动词适用范围较大，表义比较模糊，双音节同义动词则表义较为明晰，单音节动词多用于指称具体事件，双音节动词偏向于指称抽象事件（程娟等，2004）。

对单双音节同义动词的语体差异，研究者的结论并不一致。刘智伟（2007b）对前人语体方面的研究加以综述并考察分析后，发现单音节动词口语色彩浓于同义的双音节动词和单音节动词书面语色彩浓于同义的双音节动词两种情况均存在，她认为语体差异是一个非常复杂的问题，跟构词语素是否保留了古义等诸多因素都有很大关系。

综上所述，对含有同一语素的单双音节同义动词的研究涵盖了语音、语义、语法和语用等诸多方面。研究者在语义和语体方面的意见分歧较大，然而在语音和语法方面得出的结论一致性较高，但是以往的研究只着重于对句法差异细致、详尽的描写，事实摆得足够多但解释不足，描写充分但缺乏理论依据。沈家煊先生（2016）指出，虽然"已经有不少人开始意识到双音化和'单双区分'是汉语自身的一种语法形态，但是对它的重要地位和作用仍然认识不够"。有鉴于此，本文试图运用"名动包含说"这一新的词类理论，从双音化和"单双区分"的角度出发对现代汉语单双音节同义动词的差异做出合理的解释。

三、理论与分析

3.1 "名动包含说"

沈家煊先生自2007年提出了新的汉语词类理论——"名动包含说"，该理论是力图摆脱语法研究的"印欧语的眼光"、寻找汉语自身特点所做的一种尝试。沈先生认为单双音节的区分比名动的区分重要，由双音化造成的单音词和双音词的区分是汉语明显的形式区分，以及由此造成的单双音节组配方式的区分，在汉语里的地位和作用十分重要，并在此基础上提出了"新双音化说"（沈家煊，2016）。该理论对本文所探讨的单双音节同义动词的句法差异具有较强解释力。

下面我们引用沈先生（2016：83-84）的原文说明"名动包含说"的要义。

A. 他开飞机。　*He fly a plane.　He flies a plane.

B. 他开飞机。　*He flies plane.　He flies a plane.

C. 开飞机容易。　*Fly a plane is easy.　Flying a plane is easy.

A表明，汉语的动词"开"入句充当述谓语的时候不像印欧语那样有一个"述谓化"的过程，英语有这么个过程，动词fly入句要变为flies。从这个意义上讲，汉语的动词本来就是述谓语（着重号为笔者所加，下同）。B表明，汉语的名词"飞机"入句充当指称语不像印欧语那样有一个"指称化"的过程，英语有这么个过程，plane要变为a plane，the plane (s)，或者planes。从这个意义上讲，汉语的名词本来就是指称语。C表明，汉语的动词用作名词——也就是充当指称语（主宾语）——的时候不像印欧语那样有一个"名词化""名物化""指称化"的过程，英语有这么个过程，fly要变为flying或者to fly。把ABC三点综合起来就得出结论：汉语的动词（述谓语）也是名词（指称语），动词是名词的一个词类，动态名词。

沈先生在论证汉语"名动包含"的时候还特别指出，汉语的名词和动词就是指称语和陈述语，句法范畴和语用范畴不是二分对立的关系，因为名词以光杆形式就可以充当指称语（主宾语），动词也无须词形变化就可以充当陈述语（谓语），汉语语用范畴包含句法范畴。

"名动包含"格局意味着汉语里名词和动词的区别并不那么重要，有比名动区别重要的区分值得重视，重叠、双音化、单双音节的组配方式都是汉语不同于印欧语的重要形态手段，具有综合性的特点，集韵律、语法、语义、语用的功能于一身。从"名动包含"的角度看，双音化是汉语的一种形态手段，它的语法作用是"增强名性、减弱动性"（沈家煊，2016）。Givón（1990）最先从功能和语用的角度阐述这种共变关系，"名性"和"动性"的本质是"指称性"和"陈述性"（转引自沈家煊等，2013）。"新双音化说"在共时层面的假设是"双音化具有'增名减动'的语法作用"，在语用层面也就是双音化的结果是指称性增强，陈述性减弱。

3.2 句法特征差异分析

下面我们以以往研究者描述的句法事实为出发点，以《汉语水平词汇与汉字等级大纲》中8组甲级词中的单双音节同义动词为例，探寻造成单双音节同义动词句法功能差异的选择机制。

3.2.1 句法特征差异之一

单音节动词主要的句法功能为做谓语，双音节动词除了做谓语以外，还可以充当主语、宾语和定语。

（1）a. 学是前提，做是行动和实践。

　　　b. 学习是学生的首要任务。

      c. *学是学生的首要任务。

（2）a. 他不爱学，他爱玩。

      b. 家长都重视孩子的学习。

      c. *家长都重视孩子的学。

（3）a. 改是能改，可是先从哪里改呢。

      b. 改变谈何容易。

      c. *改谈何容易。

（4）a. 毛病他都想改，可就是改不了。

      b. 每个人都希望看到自己的改变。

      c. *每个人都希望看到自己的改。

    上述例句的a组中，虽然"学"和"改"可以充当主语或宾语，但是后面都有对比性的小句，如果没有后面的小句，其可接受度要大大降低，试比较"*他不爱学"和"他不爱学习"，很明显前者要想成为合格的句子需要上下文（如"他妈妈给他报了钢琴班，但是他不爱学"）或对比小句（如2a）的帮助。b组是"学习"和"改变"做主语或宾语的情况，而处于相同的句法位置却不能替换成相应的单音节动词，如c组例句。汉语的动词可以充当指称语，也便可以直接做主宾语，这是普遍的规律。但单音节动词做主宾语时受到的限制正是由于汉语受双音化"增名减动"的语法作用的影响——双音节动词的指称性增强了，做主宾语的情况更多，而单音节动词指称性较弱，做主、宾语受到较多限制。

    另外，由于名词可以较自由地充当定语，因此指称性更强的双音节动词充当定语的能力较单音节动词强，并且不受音节数的限制，如例（5a）[2+2]音节组配和（6a）[2+1]音节组配都是定中结构，但是单音节动词做定语却十分受限，如（5b）[1+2]的音节组配的常态就是述宾结构（吕叔湘，1963；王洪君，2001）。虽然（6b）[1+1]属于定中结构，但是数量有限，而且整个结构是复合词而不是短语，已经不属于句法的范畴了。

（5）a.［2+2］学习材料　　比赛规则　　使用指南　　比较文学（定中）

　　　 b.［1+2］学材料　　　比规则　　　用指南　　　比文学（述宾）

（6）a.［2+1］学习班　　　检查科　　　使用费　　　（定中）

　　　 b.［1+1］学人　　　　比分　　　　加餐　　　　（定中）

3.2.2　句法特征差异之二

单音节动词做谓语时搭配的宾语范围大，同义的双音节动词搭配宾语的范围受到一定的限制。

陆丙甫（2012）提出"表示动作、行为、事件之'过程'的名词，可统称'事件名词'。词类分析中，问题最多的就是'事件名词'跟动词之间的纠缠。"那么在"名动包含说"的格局下，这种纠葛不再是一个问题，因为动词是名词的一个次类，单音动词双音化后名词性增强了，向陆文的"事件名词"靠近，倾向于表达复杂事件，所指称的"事件过程"较同义的单音节动词更为复杂，内涵更丰富。伴随着"复杂性"，可能还会产生一些其他语义特征，如"正规性"，即事件事先的"计划性"（陆丙甫，2009）。在下面的例句中，例（7）组的例子提及的事件不如例（8）组的深奥、复杂。

（7）a. 我要学厨师。

　　　 b. 你用桌子上的抹布。

　　　 c. 给我加点盐。

　　　 d. 老师让我改作业。

（8）a. 全体学习中央会议精神。

　　　 b. 本产品使用先进技术制造。

　　　 c. 国家要增加国民收入。

　　　 d. 你需要改变你的生活方式。

就"学习"而言，常常是群体性的、有计划性的事件，也比较正规。根据申江宁（2014）的整理分析，"学"（笔者剔除了"学"表模仿义的搭配）和"学习"后接体词性宾语的倾向如下表1：

表1 "学"和"学习"后接体词性宾语的倾向

动词 ＼ 体词性宾语	职业、技能	道理	理论
学	裁缝、钢琴	规矩、道理	——
学习	——	——	理论、主义

双音节动词后的宾语范围受限，实为双音化后名词性增强，倾向于指称复杂的事件，因此对动作事件的复杂性要求较高，而单音节动词往往用于表达较为简单的动作、行为，由于现实世界简单的动作行为对象多于复杂的对象，表现在句法上即跟双音节相比同义的单音节动词搭配的范围更为宽泛。

3.2.3 句法特征差异之三

单音节动词做谓语时可带补语，同义的双音节动词一般不可带补语。

双音化的语法作用是增强指称性、减少陈述性，因此和单音节动词相比双音节的指称性更强，也就是名词性更强，按照认知语言学的理论（Langacker，1991），名词指称的是认知域中一组相互关联的实体，这些实体作为一个格式塔（gestalt）整体被激活，名词的概念化过程是以整体扫描（summary scanning）的方式进行，而动词侧重关系和过程，其概念化是以顺序扫描（sequential scanning）的方式进行的。因此名词性更强双音节动词整体性更强、不易分割，而单音节动词则包括了一定时间内的一系列连续分布的关系，在这一段时间链条上的多个关系可以分割开来，可以侧重其中的一部分，表现在句法上，单音节动词可以侧重开始（"学起来、变起来"），可以侧重以后的时间链（"查下去、比下去"），可以侧重具体事例或阶段性结果（"改一次作文、用一点儿水"）。

单双音节动词的概念化过程不同，造成其指称性强弱不同，单音节动词可以认为是分布于时间域中的一系列关系，而双音节从此则是存在于空间域中的一个整体概念。这种根本性差异表现在句法上，单音节动词可以带动量补语、时量补语、趋向补语、可能补语、状态补语、结果补语，而双音节动词受到极大限制，具体对比可见下表2：

表2　单双音节同义动词后接补语的差异

学了一点儿钢琴	*学习了一点儿钢琴
加了一次工资	*增加了一次工资
比起来	*比较起来
查下去	*检查下去
用得完	*使用得完
改得认真	*改变得认真
变得很好	*变化得很好

另外，因为双音节动词的名词性强，指称的是存在于空间中的实体，在时间链上不宜分别对待，因此在和"了、着、过"等跟"体"范畴有关的助词同现受到很大限制，而单音节的动词性强，在时间链上可以侧重某一部分，故和"体"范畴天然具有亲和性，其区别见下面的例子：

（9）a. 查着查着就乱了

　　　b. 变了一次又一次

　　　c. 学过《出师表》

（10）a. *检查着检查着就乱了

　　　b. *改变了一次又一次

　　　c. *学习过《出师表》

四、结语

　　含同一语素的单音节和双音节同义动词在句法上的表现有较大差异，如能否较自由地充当主宾定语、可以带哪些宾语、可以带什么样的补语、和体范畴助词的共现情况如何等，造成这些差异的根本原因并不是语义，二者的语义可以认为是等同的，关键在于汉语通过双音化这种形态手段实现了"增强名性、减弱动性"的转变，双音节动词的指称性增强，其句法属性向名词倾斜，与单音节动词出现明显差异。动词双音节化对现代汉语语法的系统性影响是一个很值得深入挖掘的研究课题，本文尝试性地通过个例研究的方式进行了探索和验证，从结果来看，可以很好地解释单双音节同义动词句法差异背后的动因，就整体而言是否具有普遍意义，还需要进一步研究证明。

参考文献

［1］程娟、许晓华（2004）HSK单双音同义动词研究，《世界汉语教学》第4期。

［2］国家汉语水平考试委员会办公室考试中心（2001）《汉语水平词汇与汉字等级大纲》（修订本），经济科学出版社。

［3］季　瑾（2005）HSK甲级单双音同义动词部分不可替换的类型探析，《语言教学与研究》第5期。

［4］刘丹青（1996）词类和词长的相关性，《南京师大学报（社会科学版）》第2期。

［5］刘智伟（2005）含同一语素的同义单双音节动词研究，北京师范大学博士学位论文。

［6］刘智伟（2007a）试析含同一语素的同义单双音节动词并存并用的原因，《河北师范大学学报》第1期。

［7］刘智伟（2007b）含同一语素的同义单双音节动词语体色彩对比研究，《语言文字

应用》第2期。

［8］陆丙甫（2009）基于宾语指称性强弱的及物动词分类，《外国语》第6期。

［9］陆丙甫（2012）汉、英主要"事件名词"语义特征，《当代语言学》第1期。

［10］吕叔湘（1963）现代汉语单双音节问题初探，《中国语文》第1期。

［11］申江宁（2014）基于搭配的单双音节同义动词"学"和"学习"的研究，上海外国语大学硕士学位论文。

［12］沈家煊、张姜知（2013）也谈形式动词的功能，《华文教学与研究》第2期。

［13］沈家煊（2016）《名词和动词》，商务印书馆。

［14］王洪君（2001）音节单双、音域展敛（重音）与语法结构类型和成分次序，《当代语言学》第4期。

［15］张博（1996）先秦并列式连用词序的制约机制，《语言研究》第2期。

［16］张国宪（1989）单双音节动作动词语用功能差异研究，《汉语学习》第4期。

［17］张国宪（1990）单双音节动作动词搭配功能的差异，《上海师范大学学报》第1期。

［18］Ronald W. Langacker(1991) *Foundations of Cognitive Grammar II*, Stanford University Press.

探究量词重叠在句子中成立与否的原因
——基于"量词重叠+都"的格式

冯　程

提　要　鉴于"条条大路通罗马"的合乎规则性和"辆辆自行车都很便宜"的非合乎规则，本文在"量词重叠+都"句式的基础上，分析探究了量词重叠在句子中成立与否的原因。同时，本文通过对比发现"条条"这一量词重叠形式因其自身特殊性，与"辆辆"等一般量词重叠不同，与主语的位置关系也存在特殊性。

关键词　量词重叠　主语　位置关系

一、引言

在学过了"条条大路通罗马"之后，有学习者造出了"辆辆自行车都很便宜"之类的句子。虽然这样的句子中国人都能明白是什么意思，但是语感上总是有点别扭，我相信一个从小生活在中国的人是不会说出这样的句子的。那么，怎样才能让汉语初学者不会输出这样别扭的句子？笔者认为我们首先应该知道这样造句子为什么不妥，这样的句子与正确的句子有什么不同。这样才能给汉语初学者做出正确完整的讲解。

基于这样的问题，笔者发现有许多老师对这个问题提出了自己的观点。以下笔者列举几点：

1."都"的问题。集美大学金文伟认为"辆辆"是个体，不能使用

"都"。另外，"辆辆"也可以省略。"辆辆都很便宜"没有主语，不如"自行车都很便宜"清楚。

2. 名词的音节问题。武汉大学阮桂君认为该句的问题可能是句中名词的音节造成的，他认为把"辆辆自行车都很便宜"直接说成"辆辆都很便宜"，接受度就高多了。

3. 量词是否能重叠的问题。北京大学李红印提出"部部手机都不错"应该可以说，感觉要看量词是不是常可重叠。

4. 句子的整体韵律问题。沈阳师范大学屠爱萍也提出："'条条大路通罗马'不知道跟律诗的平仄有没有关系？符合诗歌的平仄规律，所以能说，其他类似的比较难成立。"

除了这些观点，还有很多老师提出了不同的看法。这些看法很值得我们关注和思考，也对笔者有很大的启发。在此，笔者试图从另一个角度解释这一现象，并探究其原因。以上综述中所运用的重叠量词均属于个体量词，还不能完全解释量词重叠运用的现象，所以本文以《现代汉语》（黄伯荣 廖序东）对量词的分类为准，通过对"量词重叠+主语""主语+量词重叠""量词重叠做主语"这三种句式的对比分析，探究量词重叠在句式中的使用条件及其原因。

二、"量词重叠＋主语"对句式的限制

《现代汉语》中将量词分为九个小类，分别是：个体量词、集体量词、度量衡量词、借用名量词（借自名词）、借用名量词（借自动词）、专用动量词（动作次数）、专用动量词（动作时间）、借用动量词（借自名词）、借用动量词（借自动词）。本文在这九类量词中分别选取一个代表量词（辆、对、米、碗、挑、次、年、刀、看）进行分析（因其具有代表性，可代替其他同类量词，除少数例外，结论的覆盖率还是挺大的）。首先看量词重叠在主语之前的

形式（"条条大路通罗马"因其特殊性，在下文单独解释）。

"量词重叠+主语"有两种形式：第一种是"（单纯）量词重叠+主语"，第二种是"定/状+量词重叠+主语"。其实二者类似，可化为一类分析。表1列举了九种例句（文中例句标"*"的表示该项在语料库中不存在且在口语中不成立，"#"表示语料库中不存在，没有标记的表示可说。全文标记皆同，以后不再注明）：

表1 "量词重叠+主语"结构

量词分类	例句	句子使用情况
个体量词	（1）（一）辆辆自行车都很便宜。	*
集体量词	（2）顿时，舞厅活跃起来，一对对舞伴结伴走出，挽臂搭肩，轻歌曼舞。	√
度量衡量词	（3）（一）米米布都很光滑。	*
借用名量词（借自名词）	（4）（一）碗碗肉都很香。	*
借用名量词（借自动词）	（5）（一）挑挑水都很重。	*
专用动量词（动作次数）	（6）每年最讨厌这个时候了，次次CES开幕都碰上考试。	√
专用动量词（动作时间）	（7）年年美国都有赤字。	*
借用动量词（借自名词）	（8）刀刀伤口都很致命。	*
借用动量词（借自动词）	无（看）	*

从表1中我们可以看到，在"量词重叠+主语"这一格式中，个体量词、度量衡量词、借用名量词、专用动量词（动作时间）、借用动量词都没有相对应的例句或说法。为什么这七种量词重叠后与"量词重叠+主语"这一个格式不相容，而其余两种却能相容？

2.1 借用动量词（借自动词）的情况

首先看借用动量词（借自动词）的情况。我们知道"看了（一）看"中的第二个"看"是借用动量词，将其重复后变成了"看看"。而"看看"是表示尝试态的，是助词，所以这一项量词重叠后词性改变了，不在本研究范围之内。

2.2 个体量词"辆"重叠后的情况

其次看个体量词"辆"重叠后，在语料库中没有与"量词重叠+主语"格式相容的对应例句。笔者试图用一个不存在于语料库中且在口语中不使用的生造例句来探究其不相容的原因。

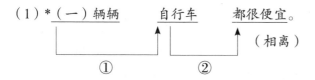

（1）＊（一）辆辆　　自行车　　都很便宜。　　（相离）

从图形看，在例（1）中，谓语描写的是主语的一种静止状态，所以"辆辆"是指向主语"自行车"的，可用箭头①表示。主语"自行车"肯定是指向其后的谓语的，可用箭头②表示。从上图中可以看到箭头①和箭头②是相离的关系，即箭头线没有相交或重合。

从词义看，例（1）中的"自行车"是一个集合体，而"辆辆"是这一集合体中的个体，因此，"自行车"和"辆辆"就是包含和被包含的关系。

一个句子不应该呈现两种相反的状态，而应该是一致相容的表现（暂把这种方法称作远近包含关系）。例（1）的图形是相离的状态，即未被包含状态，而词义是包含状态，图形和词义相背离，所以例（1）不成立，也即"辆"重叠不能用于"量词重叠+主语"这一格式。同理，也可得出度量衡量词、借用名量词、借用动量词（借自名词）这三类量词重叠在"量词重叠+主语"这一格式中呈现出背离的状态，故这几种量词重叠后不能用于"量词重叠+主语"的格式中。

2.3 单看专用动量词（动作时间）的情况

单看专用动量词（动作时间）。为什么说单看，因为此处的重叠量词指向与上文分析的有所不同。

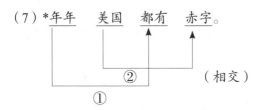

（7）*年年　美国　都有　赤字。
②
①
（相交）

从词义看，在例（7）中"年年"表示的是动作时间，而例句中动作应该是"有"，所以"年年"和"有"之间应该是一种包含的关系。

从图形看，"年年"应该指向"有"，即箭头①；主语"美国"指向谓语，即箭头②。很明显的可以看出箭头①和箭头②呈现相交的状态。

那么，在例（7）中，语义呈现包含关系，图形指向呈现的是相交的关系。一个句子里同时呈现了两种不相容的关系，所以该例句不成立，即专用动量词（动作时间）重叠不能用于"量词重叠+主语"的格式中。

2.4 集体量词和专用动量词（动作次数）的情况

最后看集体量词和专用动量词（动作次数）。把这两类放在一起，一是因为二者在语料库中能找到对应例句，即符合语法规范；二是其性质相似，可统一分析。

（2）顿时，舞厅活跃起来，一对对 舞伴 结伴走出，挽臂搭肩，轻歌曼舞。

（包含）

从词义看，"对对"是修饰主语"舞伴"的，"舞伴"和"对对"之间是包含和被包含的关系。

从图形看，"对对"首先是指向主语"舞伴"的，即箭头①。而此处的谓语部分强调的一个动态过程（不同于上文的静止状态），即"两个两个地走出来"，所以"对对"还指向谓语部分，即箭头②。

例图形和语义都是包含的关系，即一个句子里的关系一致，集体量词重叠在可运用于"量词重叠+主语"这一格式中。同理，在例（6）中，表动作次数的"次次"既指向"开幕"，也指向谓语，句子仍然呈现出一致的关系。所以集体量词重叠和专用动量词（动作次数）的重叠与"量词重叠+主语"的格式相容。

与此同时，若在量词重叠前面加数词"一"，变成"一辆辆""一次次"，这样只是增强了次序感，实际上句子的各种性质并没有改变，所以仍然符合上文所得结论。

综上，运用指向图和词语语义之间的关系可以分析出不同量词重叠对"量词重叠+主语"这一格式的限制。也就是如果同时满足以下两个条件：第一，量词与所指向的内容呈包容关系；第二，量词指向与谓语被指向呈包含关系，那么，这个量词重叠就能运用于"量词重叠+主语"的格式。只要有一项不符合，就对该格式构成了限制。

三、"主语 + 量词重叠"对句式的限制

说完了"量词重叠+主语"形式，接下来再分析"量词重叠+都"的另一形式——"主语+量词重叠"。同样，"主语+量词重叠"也包含两种形式："主语+量词重叠""定/状+主语+量词重叠"。这两种形式性质类似，可以划归为一类分析。表2也分别从九个量词小类分析：

表2 "主语+量词重叠"结构

量词分类	例句	句子使用情况
个体量词	（9）伟君从装配线启动之日起，就把产品质量放在首位，使所装配的汽车辆辆达到一等品。	√
集体量词	（10）彩凤双双，青鸾对对。	√
度量衡量词	（11）四十里花路的姹紫嫣红，正在沿河堤一米米向西边延伸。	√
借用名量词（借自名词）	（12）肉碗碗都好香。	√
借用名量词（借自动词）	（13）这次担的水挑挑都很重。	√
专用动量词（动作次数）	（14）王柱深知技术对于企业的推动作用，他一次次抓紧推进汉卡的更新升级，足见他对这一观点的深刻理解。	√
专用动量词（动作时间）	（15）从1940年之后，除了少数几年外，美国基本年年有赤字，而且越来越大，然而国力也越来越强。	√
借用动量词（借自名词）	（16）厨师一刀刀地削下鸭肉，布拉特也操刀上阵，只是手艺不佳。	√
借用动量词（借自动词）	无（看）	×

表2中，除了借用动量词（借自动词）重叠后改变性质不予谈论外，可以看到上表中其余项的使用情况都是可以的。

3.1 借用名量词的重叠

先看借用名量词，这种句型汉语母语者一般不单说，但是在对话体中，结合上下文是可以说的，因此，这类例句的存在应看作是合理的。（调查过一些汉语母语者）

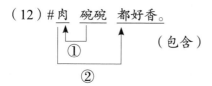

从词义看，主语"肉"在此处是一个集合，而"碗碗"是一个个个体，所以"碗碗"和"肉"在词义层面是包含和被包含的关系。谓语是对主语状态的描写。

从图形上看，"碗碗"是指向主语"肉"的，即箭头①，而谓语是由主语指向过来的，即箭头②。从图中可以看出，箭头①和箭头②是一种包含关系。

综上，词义上该句子存在包含关系，图形上也是包含关系，同一个句子的关系一致，所以该句子的存在是合理的。同理可以推出例（9）、例（11）、例（13）的存在也是合理的。例（10）是特殊文体的用法，省去了谓语部分，实质是一样的。故，用量词指向关系分析的结果和表现结果具有一致性。

3.2 专用动量词和借用动量词（借自名词）的重叠

再看专用动量词和借用动量词（借自名词），因这三类句子性质相似，故放到一起分析。

（15）从1940年之后，除了少数几年外，美国 基本年年 有赤字，而且越来越大，然而国力也越来越强。

从词义看："年年"是表示动作时间的重复，所以"年年"与谓语动词之间应该有一个包含关系，同时谓语是描写主语的一种现有状态。

从图形上看："年年"是指向谓语部分的，即箭头①；主语"美国"也是指向谓语部分的。图中，箭头①和箭头②呈现的是一种包含关系。

综上，例（15）的词义和图形都是包含的关系，呈现一致性，同理，例（14）也可以得出相同的结论。所以专用动量词可以在"主语+量词重叠"这一格式中运用。

3.3 借用动量词（借自名词）的重叠

最后看借用动量词（借自名词），以例（16）为例：

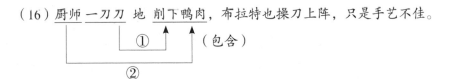

（16）厨师 一刀刀 地 削下鸭肉，布拉特也操刀上阵，只是手艺不佳。

从词义看，"刀刀"既表示行为动作的重复，也表示动作的次序，所以"刀刀"与谓语动词"削"有一个包含关系，同时谓语也是描写主语的一种动作状态。

从图形上看，"刀刀"是指向谓语部分的，即箭头①；主语"厨师"也是指向谓语部分的，即箭头②。图中，箭头①和箭头②呈现的是一种包含关系。

因此，例（16）的词义和图形都是包含关系，呈现一致性，所以借用动量词（借自名词）可以在"主语+量词重叠"这一格式中运用。

若在量词重叠前面加"一"，变成"一刀刀""一年年"，这样只是增强了次序感，实际上句子的各种性质并没有改变，所以仍然符合上文所得结论。

因此，从以上三点可以看出来，运用指向图和词语语义之间的关系可以分析出不同量词重叠对"主语+量词重叠"这一格式的限制。如果同时满足以下两个条件：第一，量词与所指向内容呈包容关系；第二，量词指向与谓语被指向（即线形图）呈包含关系，那么，这个量词重叠就能运用于"主语+量词重叠"的格式。只要有一项不符合，就对该格式构成了限制。

四、量词重叠做主语对句式的限制

除了"主语+量词重叠"这一形式，我们在口语中还常常省略集合主语，直接让量词重叠做主语，见以下表3：

表3 "量词重叠做主语"结构

量词分类	例句	句子使用情况
个体量词	（17）（这个店的自行车性价比很高，）辆辆都很便宜。	×
集体量词	（18）舞厅里，霓虹灯闪烁着，优美悦耳的舞曲下，对对双双携手迈进舞池跳了起来，转了起来，优美的舞姿给人们留下了深刻的印象。	√（对举的情况下可使用）
度量衡量词	（19）（这卷布不错，）米米都很新。	×
借用名量词（借自名词）	（20）碗碗香	√（特定情况下适用）
借用名量词（借自动词）	（21）（他来来回回挑了几担水了，）挑挑都很重。	×（重叠后多用作动词）
专用动量词（动作次数）	（22）冯文海，这位海军航空兵的特级飞行员，在他近40年、5000多小时的飞行生涯中，有十余次空中遭遇飞机失火、发动机停车、喘振抖动等特大险难故障，次次都化险为夷。	√
专用动量词（动作时间）	（23）因此宋代虽连年不打仗，而经费上则等于年年动员，年年打仗。	√

（续表）

量词分类	例句	句子使用情况
借用动量词 （借自名词）	（24）岁月如飞刀，刀刀催人老。	√（特定情况下 适用）
借用动量词 （借自动词）	无（看）	×

从表3可以看到，除了借用量词（借自动词）不予考虑之外，其余量词重叠后的情况分为三种：第一种，语料库中不存在相应的量词重叠做主语的例句，且在口语中人们也不说，比如例（17）（19）（21）；第二种，语料库中不存在相应的量词重叠做主语的例句，但是在特定情况下适用，比如例（20）；第三种，语料库中存在极少部分该量词重叠后看似在分句中作主语的例句，其实不然，也不成立，比如例（18）（22）（23）（24）。下文分别对这几种情况进行分析。

4.1 度量衡量词

以（17）为例（前面括号的内容是方便理解做出的补充）：

从词义看，"辆辆"表示集体名词里的每一个单独的个体，即主语"自行车"是一个集体，"辆辆"和"自行车"之间就有一个包含关系，那么"辆辆"从词义上就应该指向主语"自行车"。谓语"很新"自然是对主语"自行车"的描述。

从图形上看，"辆辆"是指向"自行车"的，即箭头①，谓语自然是描述主语的，指向主语，即箭头②。

综合以上分析，无论是从词义还是从图形上看，谓语都是指向上文的主语"自行车"，在单独的分句中并没有包含的指向。所以这样的句子单独成句是不能成立的。同样，例（19）（21）也是如此。句子成立要有一定的条件，即有上下文或者隐形的语言环境存在。比如老师对班上的同学说"个个都是好样的"，这个句子在说话人和听话人来看是成立的，因为说话人和听话人都已知谓语描述的对象是班上的同学，背景是这次考试，即存在隐形的语言环境。

4.2　借用名量词（借自名词）

以例（20）"碗碗香"为例。其实，按照图形和语义分析，与第一种情况一样，但是我们在生活中却能经常听到这样的句子。那是因为是把"碗碗香"作为了一个品牌名物化了，这是一种特殊的情况，所以是可以的。

4.3　借用动量词（借自名词）

最后看第三种情况，在语料库中存在少数例句，在口语中也存在这样的说法，以借用动量词（借自名词）为例，看例句（24）：

（24）岁月如飞刀，刀刀 催人老。

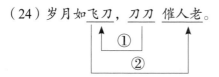

从词义上看：量词重叠"刀刀"是表示主语"飞刀"的动作重复，与主语是包含关系。而谓语"催人老"是对主语"飞刀"的描述，是飞刀催人老，而不是"刀刀"催人老。

从图形上看："刀刀"指向"飞刀"，即箭头①，"催人老"指向"飞刀"，即箭头②。可以看到，图形呈包含关系。

综上，我们可以看到图形上是呈包含关系的，词义上重叠的量词是与主语呈包含关系的，所以图形和词义上都呈现包含关系，故这种说法是成立的。但是，在词义上，重叠量词"刀刀"并不是指向谓语，而是指向主语的，所以这种句型并不符合量词重叠作主语的类型。

因此，从以上三点可以看出来，运用指向图和词语语义之间的关系可以分析出不同量词重叠对"量词重叠做主语"这一格式的限制。也就是如果同时满足以下两个条件：第一，量词与所指向内容为包容关系；第二，量词指向与谓语被指向（即线形图）为包含关系，那么，这个量词重叠就能运用于"量词重叠做主语"的格式。只要有一项不符合，就对该格式构成了限制。其中，因在"量词重叠做主语"这一特殊句型中，量词所指向的主语一般没在句中，所以这一句型存在的句型很少。

五、特殊量词重叠——"条条、种种"

前面所有的分析都是根据"条条大路通罗马"这一句而来，之所以将这一例句单独分析，首先是因为"条条"与"辆辆""个个""张张"等量词重叠相比，有其特殊之处。经过以上分析，我们发现不能说"辆辆自行车都很便宜"，那为什么可以说"条条大路通罗马"呢？除了这句话本身是俗语之外，还可以从以下分析："条条"除了可以看作量词重叠，它本身也还有单独的释义，汉语字典中给"条条"的基本解释是：1.谓有条理、有词序。2.畅达貌。3.犹言每一条。4.犹萧萧，形容风声。5.指各项事业的组织系统，与"块块"相对。6.指条文。不难看出"条条"本身就有"每一条"的意思。那么从语义上来说"条条大路通罗马"中的"条条"应该解释为"每一条"的意思，它所指向的内容就应该是谓语"通罗马"，所以量词与所指向内容为包容关系。再从图形上看（说明:《汉语词典》里确实有"条条"的解释，而"辆辆"

无，只是单纯的重叠。《现代汉语词典》也有关于"条条块块"的解释）：

（25）条条 大路 通罗马。

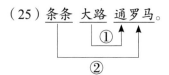

在上面的线性图中，谓语"通罗马"是描述主语"大路"的，故主语"大路"应该指向谓语的，即箭头①；"条条"是每一条的意思，而并不是单纯的量词重叠，在这一句中应该直接指向谓语"通罗马"，即箭头②。从上图可以看到，量词指向与谓语被指向（即线形图）呈包含关系。

综上，在例（25）中，同时是满足以下两个条件：量词与所指向内容呈包容关系；量词指向与谓语被指向（即线形图）呈包含关系。所以，"条条大路通罗马"是可以说的。

至于为什么"条条"有这种特殊性，笔者认为可能与这个词本身可以做名词有关。《现代汉语词典》里说"条条"：①人为制定的一些条文、规定等。如"我最不喜欢这些条条框框了"；②指各项事业的组织系统，与"块块"相对。如"要干好这项工作，一定要注意条条和块块的关系"。正因为"条条"还有名词的功能，故可以居于主语的位置。自然也与"量词重叠+主语"的句式相融。

六、小结

从上文的分析可以得出，量词重叠若同时满足以下两个条件：量词与所指向内容呈包容关系；量词指向与谓语被指向（即线形图）呈包含关系。那么，量词重叠在该句中便可成立，若有一项不满足，便不能成立。"条条大路通罗马"因同时满足以上两个条件，且因其具有名词的功能，作为量词重叠的身份时，可以位于主语之前，与"量词重叠+都"句式相融。其他的量词重叠位于主语之前时，与"量词重叠+都"句式不相融，所以在语感上感到别扭，同理，量词重叠做主语也不符合，故不成立。而量词重叠位于主语之后因语义和结构相符，与"量词重叠+都"句式相融，符合语法规则，语感上也不会别扭。故，量词重叠与主语的位置关系不同对句式的限制作用也不同。

参考文献

［1］汉语字典（汉语查询应用软件），2014。

［2］吕叔湘、丁声树主编（2012）现代汉语词典，商务印书馆，2012年新版。

［3］赵果、海常慧.Z（2016）居于主语位的量词重叠的制约条件，国际汉语教师500强群论综述。

会意字的多维表义性[①]

——以"委"为例

张熙昌

提　要　"委"是个典型的多义会意字,"委"的不同字义之间有什么关系?不同字义是怎么会意出来的?尽管从汉代的《说文解字》到当代的《字源》都曾对"委"的形义关系做过分析,但是这些解释既不够全面,也不够翔实充分,就更谈不上对"委"的字义进行系统的形义分析了。为了回答这些问题,本文以"委"的常用字义为线索,通过分析"委"的形义关系,试图揭示"委"字的多维表义性的特点。

关键词　委　会意字　《字源》《说文解字》

一、缘起

会意字是由两个或两个以上的独体字,根据事理和表达意义的需要组合而成的合体字,这个合体字的字义是由构成这个合体字的各个独体字的字义共同化合而成的新概念。比如亻(人)、木化合为"休",日、月化合为"明"。

与象形、指事相比,会意造字法表义具有抽象性的特征。这既是会意造

---

①　本研究得到北京市社会科学基金项目(编号:17YYB014)与北京语言大学梧桐创新平台项目(中央高校基本科研业务专项资金)(项目批准号:17PT02)的资助。

字法的优势，也是会意造字法的劣势。一方面，会意造字法突破了象形和指事只能表示独立、静止的人或物的局限；另一方面，由于会意字表示的是抽象概念，其所蕴含的意义往往可以做多维度的解释，而会意字最终承载的字义常常并非唯一合理的解释，只是众多合理解释中的一种或者几种，常常是字义的合理性与人为的规定性共同作用的结果。比如，"莫"所呈现的图画是"日在草中"，既可以看作是日薄西山的"日落"之景，也可以看作是日出东方的"日出"之景，汉族先民之所以选择了前者而不是后者，这完全是约定俗成的结果。

目前人们对会意字的表义字理大多是清楚的：比如"休"表示人在树旁休息，"暮"表示太阳没入草中，将要落山了，"众"表示人多等。但是也有些会意字，由于从古至今就没有形成明确的共识，其真正的表义字理早已湮没，所以现在要理清这些会意字的表义字理并不是一件容易的事，特别是对于那些有多个字义的会意字来说更是如此。

"委"是个典型的多义会意字，"委"的不同字义是怎么会意出来的？不同字义之间有什么关系呢？

二、"委"的形义关系分析

2.1 《说文解字》对"委"形义关系的分析

《说文解字》（261页）："委，随也。从女从禾。于诡切〖注〗臣铉等曰：委，曲也。取其禾谷垂穗。委，曲之貌。故从禾。"

从这段话可知，许慎认为"委"是"跟随"的意思，但是并没有说明"跟随"是怎么由"女"和"禾"会意出来的。与许慎不同，徐铉则认为，"委"是弯曲的意思，而且明确指出"委"之所以能用"禾"来表示"弯曲"

义，所根据的是"禾穗低垂"的自然现象。徐铉的观点很有见地，因为"禾穗低垂"不仅是自然现象，而且汉族先民们在造字上，也确实有过用"禾穗低垂"来表示谦卑、恭敬的做法，比如，"穆"就是典型的例子。但是徐铉只提到了"委"的"弯曲"义与"禾"有关，却没有明确提到与"女"的关系。

《说文解字注》（619页）："委、逶。随也。辵部曰。随、从也。……按随其所如曰委。委之则聚。故曰委输、曰委积。所输之处亦称委。故曰原委。"

从这段话可知，段玉裁也认为"委"的意思是"跟从"，具体来说就是跟随别人来到他到达的地方。跟随的结果就是相聚，因为"委"有移动的意思，所以"委输"有转运（物资）的意思，而"委积"有汇聚粮草的意思。因为堆积的地方也称为"委"，所以有"原委"的说法，所谓"原委"就是开头和结尾的意思，引申为事情的始末。

2.2 《字源》对"委"形义关系的分析

（委），会意字。从女、从禾，会女子如禾委曲之意。……本义是顺从。……引申义有托付、舍弃、推卸、堆积等。这些意义的"委"读为wěi。"委蛇"，联绵词，庄重而又从容自得的样子。《诗·召南·羔羊》："退食自公，委蛇委蛇。"又有绵延、曲折义。这些意义的"委"读为wēi。《集韵·寘韵》："委，委积，牢米薪刍之总名。"《周礼·天官·宰夫》："掌其牢礼，委积、善献、饮食、宾赐之飧牵，与其陈数。"这种意义的"委"读为wèi。（《字源》1095页）

从以上对"委"的分析可知，《字源》认为"委"的本义是顺从，而且明确指出了"委"的"顺从"义是"女子如禾委曲之意"。女子在封建时代要遵从"三纲五常"的礼教，行为举止上表现为低眉顺目，曲己迎人，所以《字源》以"女子如禾委曲之意"来表示"顺从"也是有道理的。然而除了"委"的本义以外，对于"委"的其他常用义，《字源》只是以"（委的）引申义有托付、舍弃、推卸、堆积等"一语带过，这显然不能令人信服。另外，把表示"堆积"的"委"读成wěi，而把"委积"的"委"读成wèi也值得商榷，因为"堆积"和"委积"本来就是一回事。

2.3 "委"的字义

"委"是个多义会意字，《现代汉语词典》列举了"委（wěi）"的十种字义，分别收录在"委¹"到"委⁵"的五个条目之下。

委：wěi，

委¹：❶把事交给别人去办；委任：～托|～派|～以重任。❷抛弃：～弃|～之于地。❸推诿：～罪。❹指委员或委员会：政～|编～|党～|市～。❺姓

委²：❻曲折：～曲|～婉。

委³：❼积累：～积。❽水流所聚；水的下游；末尾：原～|穷原竟～。

委⁴：❾无精打采；不振作：～顿。

委⁵：❿的确；确实：～实|～系实情。

以上十种字义，除了作为姓氏的❺以外，可以概括为字义相对独立的五组，分别以A、B、C、D、E表示。A组：❶❹；B组：❷❸；C组：❼❽；D组：❻❾。E组：❿。下面我们就从汉字的形义关系角度对"委"的字义逐一加以分析。

除了"委（wěi）"以外，《现代汉语词典》还收录有条目"委（wēi）"。

委：wēi，委蛇（wēiyí）❶同"逶迤"。❷〈书〉敷衍；应付：虚与委蛇

2.3.1 "委托；委任"义

A组：❶❹；

❶把事交给别人去办；委任：～托|～派|～以重任。

（1）齐王自以儿子年少，不习兵革之事，愿举国委大王。（《史记·齐悼惠王世家》）

（2）裒（póu）又以政道在於得才，宜委贤任能，升敬旧齿。（《晋书·外戚传·褚裒》）

委，从禾从女。禾在上，女在下，以示"女负禾"。"女"析言之为女子，而混言之则为人。"女负禾"可以理解为"禾谷加在一个人的后背上"。如果"一个人"指的不是自己，而是别人的话，那么"女负禾"就变为"把禾谷加在别人的后背上。"如果把禾谷看作是工作、任务，则"女负禾"就变成了"把事情、任务交给别人来办理"，而把事情、任务交给别人来办理就是❶的"委托；委任"义。

❹指委员或委员会：政～|编～|党～|市～。

如果把工作、任务交给别人来办理，那么那些被赋予了某项工作、任务的人，就是负责某项工作或任务的委员；而由委员们构成的机构就是委员会。这就是❹的"委员或委员会"义。

2.3.2 "抛弃；推托"义

B组：❷❸；

❷抛弃，舍弃：～弃。～之于地。

（3）委而去之，是地利不如人和也。（《孟子·公孙丑下》）

（4）委厥美以从俗兮，苟得列乎众芳。（《楚辞·离骚》）

❸推托，卸：推～。～罪。

（5）推祸委罚，归之有在。（《魏书·岛夷桓玄传》）

（6）司马欲委罪于孤耶？（《晋书·王裒传》）

"把禾谷加在别人的后背上"可以进一步理解为把本来应该由自己承担的

工作、任务转而让别人来承担，于是就有了❷的"抛弃，舍弃"义；把本来应该由自己承担的工作、任务转而让别人来承担，可以视为一种推卸责任的表现，这就是❸的"推托、推卸"义。

2.3.3 "积聚"义

C组❼❽；

❼积聚：~积。

（7）故城小而守固者，有委也。（银雀山汉墓竹简《孙膑兵法·见威王》）

（8）御廪者何？粢（zī，谷子，谷物）盛委之所藏也。（《公羊传·桓公十四年》）

以"女负禾"表示"堆积"义，是从"女负禾"的目的来讲的。正如段玉裁在《说文解字注》所说的"委之则聚。故曰委输、曰委积。"人们之所以身背禾谷，目的是把谷物运至仓廪集中堆放，把谷物集中堆放使得"委"产生了"堆积"义。

❽水流所聚；水的下游；末尾：原~|穷原竟~。

（9）三王之祭川也，皆先河而后海，或源也，或委也，此之谓务本。（《礼记·学记》）

从❼"积聚"到❽"水流所聚"，是词义缩小的结果，即从一般物品的积聚到水的积聚。水流积聚的地方通常是河流的末端，人们常说"海纳百川"，也就是说，大海是水流最终积聚的地方，所以水的下游、末尾被称为"委"。所谓"穷原竟委"就是深入探求事物的始末。而"原委"其实就是源委，指水的发源和归宿，引申为事情的始末。

2.3.4 "曲折；无精打采"义

D组：❻❾；

❻曲折：~曲| ~婉。

（10）螳螂委身曲附欲取蝉，而不知黄雀在其傍也。（刘向《说苑·正谏》）

委，从禾从女。禾在上、女在下，以示"女负禾"，当人背负禾谷的时候，要弯腰负重，这就是❻"曲折"义。徐铉认为一个"禾"字就能表示弯曲，因为"禾穗低垂"是自然现象，这种对字理的解说也是合乎情理的。

❾无精打采；不振作：~顿。

（11）爪不深，目不出，鳞之而不作，则必颣尔如委矣。（《周礼·考工记·梓人》）

当人背负禾谷，而且腰都被压弯的时候，说明人已经精疲力竭了。而人精疲力竭的时候，看起来当然无精打采、不振作。有些人以为，"委"之所以有"无精打采"的字义，是"委"通假"萎"的结果，其实"委"自身就含有这种字义。而且"萎"应该是"委"的后起分化字。这也是造成"委顿（86例[①]）"与"萎顿（58例）"，"委靡（68例）"与"萎靡（522例）"互为异形词的原因。

2.3.5 "的确、确实"义

E组：❿。

❿的确；确实：~实| ~系实情。

---

① 括号中的用例数为该词在北京大学 CCL 现代汉语语料库中的词频。

（12）委是良田，方得购买。（苏轼《论给田募役状》）

（13）弟子委偷了他三个，兄弟们分吃了。《西游记·二十六回》

《说文》："确，从石，角声，磐石也。""确实"之所以能表示"真实"，是因为"确"的本义为磐石，磐石稳定、坚实，而稳定、坚实的东西最容易给人以存在感、真实感和信任感。而"委"有"积聚"义，积聚的结果必然是谷物越堆越大，高大的谷堆也会给人以强烈的存在感、真实感和信任感。所以"委"❿的"确；确实"义，应该是由❼的"积聚"义引申而来的。

（14）确乎能其事者而已矣。（《庄子·应帝王》）

（15）乐则行之，忧则违之，确乎其不可拔，潜龙也。（《易·乾》）

2.3.6 "应付、逶迤"义

"委"除了读作"wěi"以外，还可以读作"wēi"，比如，委蛇（wēiyí）。"委蛇"在《现代汉语词典》中有两个义项：❶同"逶迤"。❷〈书〉敷衍；应付：虚与委蛇。"委蛇"中的"委"和"蛇"都有"弯曲"的意思，所以曲折而行称为"委蛇"，为了突出行走的意义有时候也写作"逶迤"；一个人"委蛇"地前行，有时还被看作是雍容自得貌。比如：

（16）退食自公，委蛇委蛇。（《诗·召南·羔羊》）

如果遇到了问题，不做正面回应，而是故意弯弯绕、兜圈子，被称为"虚以逶迤"，这又使"委蛇"有了"敷衍；应付"的意思。总之，"委蛇"中的委（wēi）的意思与委（wěi）❻的"曲折"义相同。

三、对"委"与"年"的形义比较

其实，除了"委"以外，由"禾"与"人"构成的会意字还有"年"。"年"与"委"不但构字成分相同（均包含"禾"与"人"）而且字形结构也相同（"禾"在上，"人"在下），所构成的形象都是"人负禾"之形，但是二者的字义却大相径庭。

"年"的甲骨文字形，像人负禾之形，表示丰收、收获等义。"人"也用为声符。……金文字形或从禾，从人。或从禾，从千。（《字源》，第638页）

由于古代生产水平较低，谷物一年一熟，因此周人以谷物成熟一季为一年。之后引申为"年龄"等义，进一步引申则泛指"时间""年代"。

通过分析可知，"年"与"委"虽然字形都为"人负禾"之形，但是二者的字义迥异。之所以出现这样的情形，在于古人在造字过程中，表义的着眼点不同。这也再次证明了，会意字表义是合理性与规定性共同作用的结果。

四、结语

"委"是一个字义非常丰富的会意字，从汉代的《说文解字》到当代的《字源》都曾经对"委"的形义关系做过分析，但是得出的结论不尽相同：《说文》认为"委"的字义为"跟随"，清代的段玉裁也持相同的观点，并且对该观点给予进一步的阐释和发扬。但是徐铉提出了与许慎不同的观点，即"委，曲也。取其禾谷垂穗"。而当代的《字源》综合了许慎和徐铉的意见，提出了"女子如禾委曲之意。……本义是顺从"的观点。但是对于"委"的众多其他字义，《字源》仅仅以"（委的）引申义有托付、舍弃、推卸、堆积等"一语带过，而《说文解字注》对"委"的本义及其引申义虽然做出了一定的解释，比如"按随其所如曰委。委之则聚。故曰委输、曰委积。所输之处亦称委。故曰原委"。但是这些解释既不够全面，也不够翔实充分，就更谈不上对"委"的字义进行系统的形义分析了。

本文通过对"委"的形义分析发现，"委"的所有字义均与由"禾""女"所构成的"女负禾"的字形有关，"委"的字义基本上是按照以下三条脉络演进的：

第一条脉络："委"的承担义。"委"的"女负禾"有承担义，所以"委员"就是承担了任务的人；委的"委托"义其实是"承担"义的引申义：把本应自己承担的任务让他人承担；"委"的"抛弃"义其实是从另外一个角度观察"委托"义的结果：把本应自己承担的任务让他人承担，如果这样做是出于恶意，那么就是推托、推诿、抛弃。

第二条脉络："委"的弯曲义。当人身负重物，自然要弯腰，所以"委"有"曲折"义；被重物压弯了腰的人当然会精疲力竭，无精打采，所以"委"有"委顿"义；"委蛇"中的"委"和"蛇"都有"弯曲"的意思，所以曲折而行称为"委蛇"，或者为了突出行走的意义写作"逶迤"；如果遇到了问题，不正面回应，而是弯弯绕、兜圈子，就是所谓的"虚与委蛇"。

第三条脉络："委"的积累义。"委"之所以有"积累"义，是因为"女负禾"的目的在于把谷物运至仓廪集中堆放；因为谷物堆越堆越大，给人以满满的存在感、真实感和信任感，所以"委实"就有了真实、确实的意思；当"水流聚集的地方"也被称为"委"的时候，那么"委"就有了"水的下游；末尾"义，所以有"原委""穷原竟委"的说法。

通过对"委"的形义关系的分析，使我们对"委"的不同字义有了系统且深入的了解，真正达到了知其然且知其所以然的目的；通过对"委"的形义关系的分析，使我们认识到，同一个会意字往往存在多维表义的现象，比如，"委"的承担义、弯曲义、积累义就是从不同视角分析"女负禾"的字形得出的不同结果，从而进一步证明了会意字所承载的字义是合理性与规定性共同作用的结果。

参考文献

[1] 李学勤主编（2012）《字源》（第1版），天津：天津古籍出版社；沈阳：辽宁人民出版社。

[2] 许　慎（1963）《说文解字》（第1版），北京：中华书局。

[3] 许慎撰　段玉裁注（1981）《说文解字注》（第1版），上海：上海古籍出版社。

[4] 中国社会科学院语言研究所词典编辑室（2016）《现代汉语词典》（第7版），北京：商务印书馆。

语言与文化教学研究

非汉语环境下的对外汉语教学策略
——以英国诺丁汉特伦特大学的汉语教学为例

牟世荣

提　要　本文阐述非汉语环境下教学的特点和存在的问题，主要表现为汉语课时较少，学生汉语基础不同，多数学生的学习动机表现为工具型动机，非汉语环境下课堂媒介语用英语较多。应对这些问题的策略是创造使用汉语的情景，增加汉语的输入；中华文化教学与本土文化恰当结合，增加学习汉语的兴趣；课下多沟通，改变学生对汉语学习难度的认知，增强学生的学习信心。

关键词　非汉语环境　汉语教学　焦虑度　教学策略

所谓非汉语语境是指缺失汉语交际环境和交际需要的一种教学条件，主要是指离开中国的异地汉语教学。这种特定的教学条件制约着汉语教学的方法和效果。在非汉语语境条件下，汉语教学采取什么相应的方法和策略以提高我们的教学效果，非常值得关注（李轶，2010）。

2015—2017年，笔者受国家汉办公派教师项目的派遣，在英国诺丁汉特伦特大学中文专业工作了两年。在这两年期间，我教授了本科中文专业一、二年级的口语课和大学选修课的综合课。两种课型的教学虽然不同，但是其非目的语的教学环境是相同的，以英国本土学生为主的教学对象也是相同的。本文无意比较这两种课型教学的不同，而只是想阐明在非汉语环境下的对外汉语教学与汉语环境中的对外汉语教学有诸多不同，存在诸多意想不到的困难和挑战，因而就需要我们适应非汉语的教学环境，调整教学方法和策略，最大化地提高教学效果。本文拟以英国诺丁汉特伦特大学的汉语教学为例，论述非汉语环境下教学的主要特点，讨论非汉语环境下的对外汉语教学的现状、存在的问题，提出针对这些问题所做的在教学策略上的应对和改进。

一、非汉语环境下的对外汉语教学的特点

目的语环境和非目的语环境下的语言教学各有特点，下文从四个方面阐述其差异，呈现非汉语环境下对外汉语教学的主要特点。

1.1 汉语课时普遍较少

本科生一、二年级汉语课6课时/周，其中综合课5课时，口语课1课时，由两位老师合作教学。口语课的主要任务是辅助综合课巩固所学词汇、语法，并进行与本课话题有关的语言活动。由于英国学生一般没有课后复习的学习习惯，所以口语课上需要花去一半以上的时间复练词语、句式等内容，多数情况下一课时只能完成综合课所学内容的复练，学生能较为熟练地使用本课词语、句式表达，少数情况下能进行相关话题的对话、语段等活用练习。选修课则是2课时/周，一位老师负责教学。学生来自其他专业或者校外人士。他们本专业学习压力已经够大，或者工作较忙，基本没有时间复习、预习，词语、句式的学习主要依赖每周两小时的课堂教学。然而选修课属于综合课，对听、说、读、写技能都有要求，一学年有三次考试，包括个人学习考核、口语考试和读写考试。有效的输出需要有足够的输入作为支持。课时少，输入量、练习量就少，学生的输出量必然有限。

1.2 汉语基础参差不齐

汉语专业的一年级学生中多数是英国人，有一些欧洲大陆国家的学生，还有个别的华裔。华裔学生汉语普通话水平各有不同。刚入学时，多数学生的汉语基础都是零起点，从拼音开始学习，一年学完《新实用汉语课本》第一册，词汇量是465个（《新实用汉语课本》第一册第三版），学习简单的句法，如各种谓语句；二年级学完《新实用汉语课本》第二册，词汇量是670个（《新实用汉语课本》第二版），学完基本句法，如补语"了""着""过""把"字句基本式、"被"字句等。由于受学习兴趣、学习动机、重视程度、学能等多种因素的影响，二年级的学生汉语水平开始参差不齐，听说读写技能的提高差异较大。

汉语选修课的教学方面，情况比较复杂。编入同一个班的学生学习汉语的时间、汉语听说读写水平差别较大，如多数华裔选修生听、说技能普遍较好（有的说话带有明显的方言口音），但是读写能力不足，不能升入更高级别的班级，教学内容对他们来说比较容易，课堂上他们有注意力涣散、无兴趣的表现；其他选修生中有的在中国学习、工作或生活过一些时间，有一定的汉语基础，课上焦虑感适中，学期末能看到他们的汉语水平的提高；还有一些学生没有在中国生活学习的经历，汉语基础薄弱，课上焦虑感较强，有的勉强坚持到学期末，有的只好放弃。

1.3 学习动机

大学中文专业的学生的学习动机有工具型和融入型的，或二者兼而有之的。一般来说，融入型动机的学生学习自觉性较高，对汉语知识、中国文化知识的学习兴趣更高。他们会主动找机会与中国留学生交朋友、练习汉语；花更多的时间接触汉语，如通过视频、电视节目、电影等了解中国当代社会生活、学习流行语言等；积极参加HSK辅导课，通过相应的级别考试，享受来华留学奖学金，进一步提高汉语水平。选修生中也有融入型学习动机的学生，但较少；他们中更多的是工具型动机。很多英国学生在中学学过一门外语，如法语、西班牙语、德语等。近几十年中国的经济发展迅速，综合实力在世界上快速成长，他们希望学习的汉语能与他们的专业发生"化学反应"，为将来的就业和出路加分；也有的人是因为家庭中有华人成员，如与华人结婚、华人亲戚等。因此选修生的学习动机普遍不如中文专业的学生。

1.4 教学语言

汉语教学环境下，学生来源不一，学生母语复杂，教学语言多数情况下用汉语。即使初级阶段的教学媒介语也是汉语，这样可以增加汉语的输入量，学生听说汉语的机会更多，有利于汉语的输出。在目的语环境下，追求汉语语感的刺激具有可行性。而在非汉语环境下，多数学生的母语都是英语（个别学生来自欧陆国家，英语水平较高），又因为非汉语环境下，学生的听说能力很有限，教学媒介语使用英语更方便学生理解，更方便师生交流。因此为保证教学工作的有效性，课堂上对语言现象的解释、活动任务的布置、教学进程的安排等要牺牲一些汉语环境下的要求，注重学生的理解程度，更多地使用学生的母语。

总之，非汉语环境下的学习面临的问题是：由于课时少和非汉语环境，汉语的输入严重不足，学生的汉语基础比较薄弱，汉语听、说、读、写能力的进步相对汉语环境下的学习缓慢很多。对老师来说，非目的语环境下的教学成就感明显不足。

二、非汉语环境下汉语教学的应对策略

教学策略指教学活动的顺序安排和师生间连续的实质性交流，实现预期

效果所采取的一系列有用的教学行为，是微观层面的具体的教学技巧。包括：第一，普遍性教学策略，如课堂组织策略、激励策略、提问策略、评估策略等；第二，具体性教学策略，如词汇教学策略、语法教学策略、阅读教学策略、听说教学策略、写作教学策略等（白丽，2009）。在认识了非汉语环境下的教学特点和存在的困难后，我们努力实施了相应的普遍性和具体性的教学策略，多方面、多层次改善非汉语环境下的汉语教学效果。

2.1 课上创造鲜活的语境

"学"不能"致用"，得不到课堂以外的语境的刺激与反应，是第二语言学习非目的语语境下教学的遗憾。汉语环境下的汉语教学，学生所拥有的真实语境无处不在，只要顺势做出反应（当然有正确或错误之分），所学就能得到适当的矫正与提高，而在非汉语环境下的汉语教学，就需要教师积极地为学生创造模拟目的语环境。我们设计的情景，必须和日常生活、当前所学内容等密切相关，旨在缩短课堂教学与真实情景的距离，让学生感到真实交际的乐趣。如我们在操练表示变化的"了"时，可以设置某个同学暑假在北京学习了一个月汉语后，其汉语水平更高的情景，引导学生说出"她的汉语（比以前）更好了""她汉语说得更流利了"等句子；也可以拿英国的天气多变做话题，引导学生说出"刚才还是晴天，现在下大雨了"这一类稍带调侃意味的句子，调剂课堂气氛，抓住学生的注意力和兴趣。又如操练坐错车、怎么坐车这样的话题时，我们设置的情景是：一位老人要去机场，可是他坐错了车，在车上问人怎么坐车，一个年轻人查了google地图后，告诉了老人正确的坐车方法。老人问路比年轻人问路要真实，因为我们都知道，当下的年轻人都是用手机网络导航，一般不会向别人问路。课堂上我们设置从伦敦不同的出发点，如大英博物馆、维多利亚大巴站、白金汉宫等去希斯罗机场，学生上网查找路线，用指定的语言点完成对话任务。有趣真实的话题情景更能引起学生的表达欲望，对增强工具型学习动机这类外在型动机有积极作用。

2.2 创造课上多说汉语的氛围

二语习得理论阐明，适度的焦虑对二语学习是一种积极的内在激发因素，可以使学习者保持一种活跃而充满灵动的学习状态。过高或者过低的焦虑感都不利于二语习得。非汉语环境下的教学如果照搬在国内课堂教学的尽量用汉语的模式，效果较差：学生听说汉语的机会太少，在诸如解释难以理解的词语、活动任务的说明、教学进度、考试安排的时候，都用汉语，会增加学生的焦虑度，进而影响教学效果。但是多用英语又会造成焦虑度过低的问题，不利于学生学习汉语。为了保持适度的焦虑刺激，在课堂组织策略方面，我规定课上尽量多用汉语交流。师生见面后的问好、简单的课堂用语、课前课后师生聊天等，坚持用汉语，这样可以造成用汉语说话的氛围，强制在课堂上多用汉语交流。这实际上是一个最自然的汉语环境。一开始学生不习惯，喜欢用英语问我一些简单的问题，我坚持用汉语回答他们；我用汉语问他们问题，他们被"限制"在汉语的语境中，不得不用汉语作答。这样逐渐养成了听说汉语的习惯，更重要的是克服了处在非目的语环境下学习者开口焦虑的问题。非汉语环境下，学生一旦过了开口焦虑的心理关，就进入了自然而然用汉语交流的状态，这样非常有利于汉语听说能力的提高。

2.3 课下师生多沟通

英国学生课时安排紧凑，课后又各有活动，与老师课下交流不多，一般是下课各自走人，有问题主要通过邮件沟通，有时也用微信。学生的出勤一般不会纳入考绩，或者出勤在考绩中占比很低。有的学生因为种种原因一个学年只有可数的几次出勤，但是依然可以参加考试，因为他有这个权利。大学里不设教务部门，任课教师负责与本课程有关的全部工作，面对面交流、解决问题的机会极少，因此最常用的师生联系方式就是写邮件、发微信。那么如何有针对性地通过邮件、微信等方式进行最好的沟通呢？笔者通过两年的实践，认为以下沟通有增强学生的自信心、消除顾虑、提醒督促的作用，有利于改善整体的教学质量。如对学能稍差、但有进取心的学生，要保护他们的自信心。对他们要多加鼓励，特别是在他们取得进步时，随时对他们提出表扬，鼓励他们继续努力；当有的学生稍有努力、不能坚持时，要及时与他们联系，督促他们不能松劲，再坚持一下就会取得明显的进步；当学生有退步时，要了解造成退步的原因，如何帮助他们等；对学习动机强的学生，要指出他们努力的方向，以求更大的进步；每次考试后的评价表，也是与学生沟通的契机。不但要评价学生的优点，更要指出他们考试的问题，细化到声调、汉字书写的错误，还要针对每个学生各自的情况明确其改进、努力的方向等。

学生有各种表现时，可能他们自己意识不到，或者不愿让更多人知道，但是不是不需要关心，相反在出状况时，他们格外需要他人的关心和提点。如果老师以他们能够接受的方式与他们保持适时的联系，把话说到他们心里去，就能吸引学生来到课堂。如此经过一段时间的坚持，学生会看到自己的进步，学习汉语的信心和动力就会逐步提高。我在英国诺丁汉特伦特大学的一个学生在一年级时，出勤率不高，经常无故不来上课，考试勉强及格。升入二年级后，一开学的几次课出勤、上课表现都不错，能看出来她想要努力提高成绩。上课时，她有好的表现，我及时在同学面前对她提出表扬，鼓励她继续努力。她的表情变得比较轻松，焦虑感降低了不少。这样的表现坚持了一段时间，她又开始旷课了。发现有松懈的苗头，我适时给她发去了电子邮件，告诉她有困难，老师可以帮助她。学习刚有起色，不要放松，再坚持一下，就会有明显的进步了。她觉得我的邮件对她的启迪和帮助很大，于是坚持来上课，到学期末汉语表达能力和考试成绩果然进步很大。

2.4 本土文化与中华文化的恰当结合

语言是文化的载体，语言教学必然涉及文化内容的输入。有人从第二语言教学的实际出发，提出了3P文化的观点：文化观念（Cultural Perspectives）、文化习俗（Cultural Practices）、文化产物（Cultural Products）。文化习俗、文化产物处于文化的表层，文化观念处于深层。中华文化博大精深，在汉语教学中，3P文化无处不在。从中国人时间顺序的表达、中国人姓名顺序的表达、中国人给老人祝寿的传统方式、节日的活动及寓意到成语故事、文学名著，等等，无不吸引着学生的好奇心，他们想了解这些文化因素或者文化内容与他们母文化的区别，更愿意学习处于文化结构深层的内容即文化观念的不同。按照人的学习心理，当一个人学习一定的知识时，会自然地与其已有知识进行链接。学生学习中华文化的同时，自然也会与其母文化进行对比。这便是我们把中华文化和本土文化结合的契机。如学习课文《红楼梦》，学生了解了它是中国古代四大名著之一，并可以简述《红楼梦》的故事。接下来不必更多地沉溺于《红楼梦》的讲练，而是平行引出英国文学名著《罗密欧与朱丽叶》。这个故事是英国学生最熟悉的内容。在之前练习《红楼梦》的基础上，学生有强烈的欲望讲述《罗密欧与朱丽叶》的故事。

3P式文化点教学方法可以满足学生了解文化结构深层的愿望。如从元宵（文化产物）到元宵节（文化习俗）到团圆观（文化观念）的学习是由表及里的过程，学生在学习汉语的同时，也学习了较深层的中华文化观念。如果能有机会让学生体验元宵、饺子等的制作和进食氛围，由具象到抽象地了解中华文化，效果会更好。

诚然，赴外汉语教师也同时肩负传播中华文化的重任，但是文化推广式、文化优越感式、以中华文化为中心式的教学无疑会引起学习者的反感。非汉语环境下的汉语教学需要中华文化与本土文化有机地结合，适时、巧妙地进行中外文化切换、链接、比较，才能让中华文化在本土文化的土壤上开出美丽的花朵。

2.5　改变学生对汉语学习的认知

一直以来，人们都认为，汉语在拼、说、读、写都有着自己一套独特的规则，语音、词汇、语法、文字等差别都较大，是众多语言中非常难以掌握的一种语言。汉语难学是不争的事实，对英国和其他欧洲国家的学生来说，学好汉语肯定不是一件容易的事，但是一味地强调汉语难学，很容易让刚刚选择学习汉语的人丧失信心。

我们需要换个视角与学生沟通，改变他们认为汉语难学的想法，帮助他们从心理上降低对学习汉语的认知度和焦虑度，提高他们学好汉语的信心。

2.5.1　我认为汉语最难的是声调和汉字。声调虽然是汉语语音系统的一个组成部分，有区别意义的作用，用不好会发生交流障碍，但是发生误解的概率相对能够沟通理解的概率低得多，因此学生在入门阶段借助汉语的拼音可以很快学会用汉语进行日常会话，学会"生存汉语"并不难。

2.5.2　我们在教学实践中发现，学习者对汉字学习数量的猜想远远超出真正的实际使用量。我用有关汉字的统计数据说明：虽然汉字总量很大（56000个左右），但是真正"活"的汉字数量则远远少于这个数字，只有大约4000多字，而且常用字的覆盖率之高，是很多欧洲语言学习者难以想象的。在"北京语言学院语言教学研究所根据对180万字语料进行统计的结果编写的《现代汉语频率词典》中的《汉字频率表》中共4574个字，按出现频率高低顺序切分成若干等级后"发现"100个汉字的覆盖率已高达47.33%，1000个汉字的覆盖率为91.36%，2000个汉字的覆盖率为98.06%"（转引自刘亦玲、赵琰，2013）。当他们得知掌握1000个汉字就能覆盖90%以上的汉字文本时，心里对汉字的抵触放松了许多。

2.5.3　学生认为汉字难掌握的原因，一是它与英语等语言的文字是完全不同的书写体系，学习汉字需要一个适应过程，适应以后就不会太难了。中国人都能轻松地认读汉字，也是小学六年的大量识记练习的结果，所谓十练九熟就是这个道理。再反观他们学习母文字的过程，也同样需要足够的输入，如认字\词句、阅读文章、记忆拼读等，才能达到熟练的输出。因此，学习汉字的难度是可以降低的，如果了解了汉字的成字规律，先学会一些简单的独体字、偏旁部首，然后再学习形声字，汉字学习就不会成为无解的难题。

学习任何一种外语都有一个适应过程，汉语虽然难学，但是没有想象的那么难，不要把汉语妖魔化，不要轻言放弃，找到适于自己学习的方法，坚持不懈，汉语、汉字是可以学会学好的。

三、余论

学习一种第二语言，是一个困难的消耗过程。若要达到一定的水平，坚持努力是很重要的。欧洲大多数学习者都处于初级阶段，且不能持续，很多人学了一段时间就放弃了。要保证汉语国际教育的长期持续发展和中华文化在世界的广播深植，首先要解决这个问题。

来到异国，在非汉语环境下教汉语，要快速地"入乡随俗"。这包括适应本土教学理念、教学管理模式、跨文化交流方式、本土法律法规等。在英国工作，一切要按规定行事，诸事有标准有框架，严格执行。如教学、考题形式、评价体系都纳入欧洲语言框架系统，各种外语教学统一规定统一标准，赴外教师需要准确解读，尽快"变样"。

参考文献

［1］白　丽（2009）非汉语环境下美国学生零起点对外汉语课堂教学策略，《新乡学院学报》（社科版）第10期。

［2］邓小琴（2013）汉语环境与非汉语环境下汉语零起点班教学之比较，《第九届国际汉语教学研讨会》，北京：高等教育出版社。

［3］李　轶（2010）非汉语环境下的对外汉语初级口语教学初探，《黑龙江高教研究》第9期。

［4］廖夏旋（2014）《非目的语环境下的对外汉语初级课堂情景教学研究》，广西大学硕士论文。

［5］刘亦玲、赵琰（2013）在非汉语环境下，如何推动汉语学习的可持续性进程，《第九届国际汉语教学研讨会》，北京：高等教育出版社。

［6］汪娓娓（2005）如何提高非汉语环境下汉语教学的效果，《云南师范大学学报》（对外汉语教学与研究版）第11期。

［7］赵　明（2013）对外汉语文化教学的误区和目标，《云南师范大学学报》（社科版）第5期。

浅谈听力测试命题原则及实例分析

王 磊

提 要 本文从语言测试理论出发，并结合试卷实例，对听力考试的命题技术进行分析。在听力考试的命题中要遵循语意完整、语言简洁、避免长时记忆、顺序性强、题目灵活、考察项目多等原则。

关键词 听力测试 语料类型 命题原则 实例分析

一、听力测试的语料选择和来源

听力语料的选择具有较强的针对性，听力测试的目的是测量学生的听力理解能力，其中包括对语音的听辨能力、对特殊信息的获取能力、对对话内容的提取能力以及对整段话语的理解能力等，同时也考察学生的交际能力。因此，听力测试的语料大多和日常生活密切相关，主要涉及人们的衣、食、住、行、工作、学习和情感态度等方面，具有口语色彩较重、句式较简单、结构不复杂、语意相对明确等特点。

基于听力测试语料的特点，我们发现听力文本的语料来源较为广泛：广播中的内容、教材中的素材、剧本中的对话、采访中的问答、电视访谈以及日常生活中的话语等。当然，听力文本会对语料进行修改，从而使其更符合听力测试的要求。下面我们就结合一些听力试题来具体分析一下听力测试语料的选择和来源问题。

1.1 日常对话

（1）女：喂，我到森林公园门口了，你在哪儿呢？①

男：我在买票呢，你在入口处稍微等我会儿。

问：男的现在最可能在哪儿？

A 厕所　　　　 B 超市　　　　 C 售票处　　　　 D 公园出口

（2）女：你昨晚去医院了？怎么了？②

男：我突然胃疼，就去医院看了急诊。

女：大夫怎么说？

男：说是饮食不规律引起的，让我平时注意按时吃饭。

问：男的昨晚怎么了？

A 胃疼　　　　 B 晕倒了　　　　 C 喝醉了　　　　 D 脖子不舒服

以上两例口语色彩极强，句式简单，结构也不复杂，而且语意十分明确。这种类型的语料一般都是改编自生活中银行办事、公司面试、机场接人、居家生活、医院看病、师生教学等典型场景的日常会话，在听力测试中使用比例较高，尤其是在HSK四级和五级的试题中最为常见。

1.2 广播电视节目

（3）男：获得了今年的科技进步奖，您现在最想说的是什么？③

女：感谢大家对我的肯定与鼓励。没有大家的支持与帮助，我是无法取

---

① 题目选自孔子学院总部/国家汉办编制《HSK考试大纲（四级）》样卷，人民教育出版社，2015。

② 题目选自孔子学院总部/国家汉办编制《HSK考试大纲（五级）》样卷，人民教育出版社，2015。

③ 题目选自 http://www.chinesetest.cn/godownload.doHSK 五级真题（第一套）。

得这样的成绩的。

男：那您最想感谢的人是谁？

女：最想感谢的，是我的家人。

问：女的最想感谢谁？

A 领导　　　　　B 家人　　　　C 专家们　　　　D 班主任

这类语料一般节选自新闻采访、人物专访、颁奖礼即兴对话等广播电视节目，改编后的语料虽然大多口语色彩仍然比较重，但是受到会话场合的影响，已经逐渐具有了书面语体的色彩。另外，这类语料的长度可以随着考试级别的提高而加长。因此，这类语料主要在HSK五级，尤其是六级的听力测试中广泛使用。

1.3　新闻消息

（4）近日，在地铁网络发达的上海，诞生了中国境内首条跨省市地铁线路。这条连通上海与江苏的地铁线路，打破了行政区划的阻隔，为邻近地区跨省出行的人们带来了便利，也为区域交通同城化提供了一种新的模式。[①]

问：请选出与所听内容一致的一项。

A 跨省地铁很方便　　　　　B 交通同城化很难实现

C 地铁是人们出行的首先　　D 跨省地铁方便了人们出行

这类语料一般选自广播电视里的新闻节目或者报纸上的新闻报道，改编后的语料已经具有了新闻播报语言的一些特征，口语色彩减弱，书面语体色彩加强，是HSK六级常用的测试语料。

---

① 题目选自孔子学院总部/国家汉办编制《HSK考试大纲（六级）》样卷，人民教育出版社，2015。

1.4 人物简介

（5）张衡是东汉时期伟大的天文学家，数学家、发明家和诗人，他为中国天文学、地震学、机械技术的发展做出了不可磨灭的贡献。由于他的巨大成就，联合国天文组织将太阳系中的一八零二号小行星命名为"张衡星"。①

问：请选出与所听内容一致的一项。

A 张衡有许多朋友　　　　　　B 张衡去过很多国家

C 张衡很小就很聪明　　　　　D 张衡对地震学很有研究

这类语料是对某个知名人士的简介，或者选自人物传记，或者选自名人资料，书面语语体色彩较重，是HSK五级，尤其是六级听力测试中使用的语料。

1.5 人文知识

（6）春秋时期，有个叫俞伯牙的人，精通音律，琴弹得特别好，是当时著名的琴师。一天晚上，俞伯牙乘船游览，俯视江水，他非常感慨，于是弹起琴来。忽然，听见一个声音说："你弹的不正是这波涛汹涌的江水吗？"俞伯牙听了非常高兴，把说话的人请上船，兴致勃勃地为他演奏。当伯牙弹起赞美高山的曲子时，这个人又说道："真好，雄伟而庄重，就好像泰山一样。"伯牙兴奋极了，激动地说："你真是我的知音！"这个人就是钟子期。两个人成了非常要好的朋友，并相约第二年的这个时候还在此地见面。结果，第二年，俞伯牙如约来到江边，却发现钟子期已经去世了。伯牙非常伤心，说："子期死了，我以后弹琴给谁听呢？"于是，他把琴往地上一摔，从此再也没有弹过。这就是"高山流水"的故事，现在我们常用"高山流水"来比喻知

---

① 题目选自 http://www.chinesetest.cn/godownload.doHSK 六级真题（第二套）。

音难遇或乐曲高妙。①

问：关于俞伯牙，可以知道什么？

A 精通琴艺　　　B 爱好文学　　　C 喜欢垂钓　　　D 博览群书

问：俞伯牙为什么不再弹琴了？

A 没有灵感了　　B 没有知音了　　C 身体状况欠佳　D 被对手打败了

问：这段话主要谈什么？

A 音乐的作用　　B 古琴的传说　　C 守时的可贵　　D "高山流水"的故事

这类语料一般节选自有关中国人文知识的介绍性材料，经改编后，兼具口语和书面语语体色彩，因为内容有知识或常识介绍的特点，有一定难度，所以HSK五级，尤其是六级听力测试会使用这类语料。

1.6　科普短文

（7）很多人都认为鸟巢是鸟的家，也是鸟睡觉的地方。但这种说法可能仅仅是想当然。动物学家在观察鸟类生活习性时发现，许多鸟并不在巢中睡觉。就连狂风暴雨的时候，也不到巢中藏身。例如，野鸭和天鹅，夜晚时总是弯曲着脖子将脑袋夹在翅膀之间，身体漂浮在水面上睡觉，而鹤鹭等长脚鸟类则喜欢站在地上睡觉。鸟既然不在巢中睡觉，为什么还要辛辛苦苦地筑巢呢？原来，对大多数鸟类来说，鸟巢是繁殖后代的产房。通常情况下，雌鸟在巢中产卵和孵卵，等小鸟孵出后，鸟巢又成为育儿场地，当小鸟长大，开始独立生活时，鸟巢的使命便完成了，最终被鸟遗弃。总而言之，地球上的九千多种鸟类中，大部分建鸟巢仅仅是为了养育后代，不是为了夜晚睡觉。②

---

①　题目选自孔子学院总部／国家汉办编制《HSK 考试真题集（六级）》（第一套），高等教育出版社，2014。

②　题目选自孔子学院总部／国家汉办编制《HSK 考试真题集（六级）》（第四套），高等教育出版社，2014。

问：动物学家发现了什么？

A 鸟巢很坚固　　　　　B 许多鸟不会筑巢

C 下雨时鸟会躲进巢中　　D 许多鸟不在巢中睡觉

问：鸟为什么筑巢？

A 繁殖后代　　B 躲避天敌　　C 寻找配偶　　　D 储藏食物

问：这段话主要谈什么？

A 鸟的种类　　B 鸟巢的用途　C 鸟的休息方式　D 鸟的成长过程

这类语料一般节选自科普读物中的文章，包括生物、物理、天文、化学、医药等方面，涉及面较广，且与日常生活有一定的距离，书面语语体色彩较强。HSK五级和六级听力测试常使用这类语料。

1.7　哲理故事

（8）有一个农夫，划着小船，给另一个村子的居民运送自己的农产品。他着急地划着小船，希望赶紧送完货物，在天黑前能够赶回家。突然，农夫发现，前面有一只小船向自己快速驶来。眼看就要撞上了，但是那只船丝毫没有退让的意思，好像是有意要撞翻农夫的小船。

"让开，快点儿让开！"农夫生气地向对面的船吼道："再不让开你就要撞上我了！"但是农夫的吼叫完全没有用，尽管农夫手忙脚乱地向旁边躲避，但已经来不及了。那只船还是重重地撞上了他的船。农夫非常生气，抱怨道："你会不会开船？这么宽的河面，你竟然还能撞到我的船上！"农夫突然不说话了，他发现，小船上空无一人。听他严厉指责的竟然只是一只挣脱了绳索、顺河漂流的空船。①

问：关于农夫可以知道什么？

---

① 题目选自 http://www.chinesetest.cn/godownload.doHSK 六级真题（第二套）。

A 不急着回家　　　　B 要去别的村子

C 他的船被撞翻了　　D 天黑以后才出发

问：农夫看到对面的船后做了什么？

A 喊救命　　B 跳进水里　　C 叫对方让开　　D 躲开了那只船

问：关于对面的那只船，下列哪项正确？

A 非常大　　B 速度很快　　C 船上有很多人　　D 船上有很多货物

问：根据这段话，可以知道什么？

A 河面很窄　　B 当时是早上　　C 农夫年纪大了　　D 两只船撞上了

这种类型的语料一般节选自富有哲理的故事，经改编后，突出了故事情节，也保留了哲理典故，口语色彩反而因此得以加强。在HSK五级、六级听力测试中常见这类语料。

1.8　传说轶闻

（9）唐朝时，有个叫齐己的人，对写诗很感兴趣。一天，齐己带着自己的诗稿，去拜会仰慕已久的诗人郑谷，希望能得到他的指点。

郑谷拿到诗稿后，认真地读了起来。当读到《早梅》这首诗时，郑谷不由得陷入了沉思。他反复吟咏几遍后，对齐己说："'昨夜数枝开'这句有问题。你的题目叫《早梅》，但诗中却写到很多枝梅花都已经开了，那就不能算'早'了。"郑谷又想了一会儿，说："不如把'数'字改为'一'字，这样更妥帖。"齐己听后，赞叹道："改得太好了！"于是恭恭敬敬地向郑谷行了个礼。当时的文人们知道这件事后，就把郑谷称为齐己的"一字之师"。

后来，人们就把那些能指出别人某一字使用不当的人称为"一字之师"。[1]

---

[1]　题目选自孔子学院总部/国家汉办编制《HSK考试大纲（六级）》样卷，人民教育出版社，2015。

问：齐己为什么要去拜访郑谷？

A 想拜郑谷为师　　　　　B 想得到郑谷的指点

C 想借郑谷的诗看看　　　D 想向郑谷炫耀诗作

问：郑谷改的那个字的理由是什么？

A 太生僻　　　B 意思重复　　　C 笔画太多　　　D 与主题矛盾

问：什么样的人可以被称为"一字之师"？

A 惜字如金　　B 擅长作诗　　C 词汇量大　　　D 能纠正一个错字

这类语料一般改编自古今中外的奇闻佚事或者民间传说，经改编后，语料叙事性较强，这有助于听力理解，所以HSK四级、五级和六级的听力测试都会使用这类语料。

二、命题原则和实例分析

听力测试与阅读、写作等测试不同，它具有稍纵即逝、不可重复的特点，因此，在命题过程中，既要尊重语料，以此为考察基点，也要重点关注题目形式，以保证题目的科学性。下面我们将结合具体实例，阐明听力测试的命题原则。

2.1　简明性

使用完整的句子，不但语意清晰，而且表达简洁。听力测试中，无论是听力材料还是问题，都是被试从录音中听到的，提问所用的语言不能过于复杂。这样，被试就不会因为难以理解题干而无法回答问题，以此保证准确测试到被试的听力水平。

（10）女：金光辉被三星公司录用了吗？

男：别提了。论专业知识、身体条件、工作能力，都没的说，就是没有汉语水平考试六级证书。[①]

问：金光辉哪一点不符合公司的录用条件？

A. 汉语水平　　B. 身体条件　　C. 工作能力　　D. 专业知识

这个题目的题干中"符合录用条件"的表达，其难度可能比对话中的表达高，很有可能影响被试对问题的理解，最终成为被试回答问题的障碍。如若稍做修改，题干变成"公司对金光辉哪一方面不满意"，使难度降低，可能更利于准确考察听力理解能力。因此，我们在命题时，要根据听力测试的特点，尽量使问题简单化、明确化。

2.2　非阅读性

听力测试大多采用多项选择题的形式，因此，除了题干表述要完整、简洁以外，选项的语言也一定要简明，而且需要学生阅读的选项在用词用字上也应力图简单、常用，不给被试造成阅读理解困难。

（11）玛丽买了一大包东西，有菠萝、荔枝、香蕉，还有几瓶罐头。

问：她没有买什么？

A. 菠萝　　　　B. 罐头　　　　C. 荔枝　　　　D. 鸭梨

这个题目本身很简单，很容易理解，但是四个选项中，每个水果名称的汉字都十分复杂，且不是常见汉字，对于汉语学习者，特别是初中级阶段的

---

①　题目选自朱子仪、郑蕊主编《HSK听力自测（初中级水平）》，北京语言文化大学出版社，1994 后续例题如若不特意标注，那么均选自该书。

学习者来说，困难很大，这样考察的指向就不再是被试听懂了没有，而是被试认识不认识这些汉字。

（12）中国南方夏天的湿度，比北方大多了。

问：说话人是什么意思？

A. 南方的湿度比北方的大 B. 南方的湿度比北方的小

C. 南方的温度比北方的高 D. 北方的湿度比南方的大

同例（11）一样，这个题目本身也很简单易懂，但是选项语言啰唆，不够简明，甚至会造成阅读理解障碍，不利于被试正确作答。如若改成"南方湿度大、北方湿度大"等，相对简明的表述更利于准备测试听力能力。

2.3　非记忆性

听力测试主要是考察被试的听力理解能力，而不是记忆能力，所以应尽量避免让被试过多记忆。当然，因为录音本身就是转瞬即逝的，所以一定的短时记忆能力是听力的基本要求，可以有少量试题涉及记忆，但是不要使被试的记忆负担过重。

（13）电梯坏了，我和妻子好容易爬上了十四层，刚要开门，钥匙不见了。我的门钥匙、车子钥匙、衣柜钥匙、箱子钥匙和单位的钥匙是在一起的，我记得把它们放在钱包里了，我急忙打开钱包，里边没有。上衣口袋、裤子口袋、书包里，哪儿都没有，我把书包里的书，本子钢笔倒在地上，还是没有。我找得满头大汗。这时，只见小宝从楼下跑上来。小宝的奶奶是看车的大妈。他喘着粗气对我说："叔叔，给您钥匙，是我奶奶从您自行车上拿下来的，怕您着急，就让我赶快给您送上来了。"我接过钥匙连声说："谢谢，谢

谢！" [①]

问：王大妈的工作是什么？

A. 送钥匙　　　B. 开电梯　　　C. 看车　　　D. 看小孩

问："我"把钥匙忘在哪儿了？

A. 家里　　　　B. 单位　　　　C. 小宝那里　　D. 自行车

这个题目录音材料很长，问题只有两个，更重要的是和问题相关的内容基本上在录音材料的最后，前边的铺垫很多，而且十分细碎，造成记忆负担，影响被试对问题相关内容的提取，造成测试效度降低。

2.4　非数学性

听力测试应尽量避免涉及计算的题目，这是测试目的所要求的，因为考察的不是数学的计算能力，而是听力的理解能力。

（14）我18岁时离开父母亲人，去北京上大学，算起来已经整整30年没与家人团聚了。

问：他今年多大了？

A. 18　　　　　B. 30　　　　　C. 48　　　　　D. 50

这个题目考察了被试的加法运算能力。这样的题目区分度低，只要听出来两个数字，基本上都可以正确算出答案。考察发现，还有一些题目牵涉的计算很复杂，如下例：

---

① 王小宁、侯子玮（2002）《HSK 听力题型分析与训练（初、中等）》，北京：清华大学出版社。

（15）这是你的药，大药片一日三次，一次一片，小药片一日两次，每次两片，别忘了多喝水。

问：听话人一天一共吃几片药？

A. 三片　　　　B. 四片　　　　C. 六片　　　　D. 七片

这个题目要求被试做的是一个四则运算，有乘法有加法。被试经过训练，只要在听录音时记下每一个数字，把握一两个关键词，然后迅速完成数学计算即可，对听力要求不是很高。如若考察被试听数字的能力，可以侧重语音分辨，比如一和七、四和十、零和六等。

2.5　顺序性

如果一段文本后面带有几个问题，在这样的情况下，提问的顺序最好和叙述或对话的发展顺序是一致的。如果题目顺序错乱，那么会给被试造成混乱，即使听懂了内容也可能无法答对题目。

（16）新华社4月8日电：西方七国集团和俄罗斯环境部长会议今天在日本大阪市开幕。各国部长们将就如何减少导致全球气候变暖的废气排放等议题交换意见。在本届会议上，减少废气排放是重要的议题。此外，部长们还要讨论"21世纪的可持续发展""环境与健康"和"历届环境部长会议"三个议题。部长们在讨论"21世纪的可持续发展"议题时，将涉及废物利用和保护森林以及发展风力发电和太阳能等新能源问题。关于"环境与健康"的议题，部长们将就疾病预防、关心老人和儿童的健康等问题交换意见。[1]

根据这段新闻稿的听力测试，所提的几个问题，其顺序要和新闻稿录音的顺序一致，可以按顺序问以下几个问题：参加会议的主要有哪些组织和国

---

[1]　王小宁、侯子玮（2002）《HSK 听力题型分析与训练（初、中等）》，北京：清华大学出版社。

家？这次会议有几个议题？关心老人和儿童属于哪个议题？这样不会给被试带来不必要的困难，符合命题的原则。

2.6 多样性

问题角度要多样化，录音材料要覆盖面广，听力考察项目要多。听力测试的考察项目很多，包括时间、事物、说话人对某事的评价、地点、身份职业、对话人的关系、原因、语气态度、事件的话题等等。其次，听力测试的录音材料应该覆盖面广，尤其是听短文或长对话，应该包括说明性的、故事性的、新闻调查性的、议论性的以及科技报告性的，不同性质的材料对被试听力的要求是不一样的，我们可以多角度地考察被试的听力水平；同时，在长对话中，谈论的话题也应该是丰富多样的，避免在一次测试中内容类型单一，这样会枯燥无味，造成听力疲劳。具体可以参考下列实例。

（17）明天我们差一刻七点出发，大家不要迟到。

问：明天几点出发？（考察时间）

（18）昨天巴西队和意大利队那场足球赛踢得真带劲儿。

问：昨天那场比赛怎么样？（考察对某事的评价）

（19）我刚刚把信寄走，不想再去了。

问：说话人可能不去哪儿了？（考察地点）

（20）你别去了，老周已经采访了他好几次了，正准备写通讯呢。

问：老周可能是做什么工作的。（考察职业）

（21）男：停车，停车！

女：对不起，光顾说话了，没看见红灯，就放过我一次吧。

问：说话人是什么关系？（考察关系）

（22）女：小曹真可怜，上个月刚离了婚，现在又丢了工作。

男：难怪他整天无精打采的。

问：男的是什么意思?（考察因果关系）

（23）我算是服了张强了，说谎的时候，一点都不脸红。

问：说话人是什么语气?（考察语气态度）

以上例子都是从不同的角度考察被试对不同项目的听力理解能力。鉴于短文听力的例子过长，这里暂不举例。只要符合覆盖面广，素材多样，内容丰富的要求，而题目又符合其他命题原则，就能构成高水平的听力测试试卷。

三、小结

听力测试有其自身与其他测试不同的特点——稍纵即逝、不可重复，因此，听力测试的语料选择、命题技巧和原则与其他测试也有不同之处。它要求语料要尽可能口语化、通俗化；题型要以简练的单项选择题为主，不增加书写以及认读的困难；命题要符合语句完整、语意明确、语言简洁、不过多要求被试记忆、减少区分度低的计算题、命题顺序性强、角度多、覆盖面广等特点和原则。

参考文献

[1] 孔子学院总部/国家汉办（2014）HSK考试真题集（四级），北京：高等教育出版社。

[2] 孔子学院总部/国家汉办（2014）HSK考试真题集（五级），北京：高等教育出版社。

[3] 孔子学院总部/国家汉办（2014）HSK考试真题集（六级），北京：高等教育出

版社。

［4］孔子学院总部/国家汉办（2014）HSK考试大纲（四级），北京：人民教育出版社。

［5］孔子学院总部/国家汉办（2014）HSK考试大纲（五级），北京：人民教育出版社。

［6］孔子学院总部/国家汉办（2014）HSK考试大纲（六级），北京：人民教育出版社。

［7］王小宁、侯子玮（2005）《HSK听力题型分析与训练（初、中等）》，北京：清华大学出版社。

［8］朱子仪、郑蕊（1994）《HSK听力自测（初中级水平）》，北京：北京语言文化大学出版社。

浅谈听说法与对外汉语课堂教学

于　淼

提　要　外语教学法流派中，听说法是应用最广，影响最大的流派之一，至今，听说法在对外汉语课堂教学中还有着深远的影响。无论在国内还是海外，听说法在汉语课堂教学中还发挥着不可替代的作用。同时，我们发现听说法在对外汉语课堂教学中有很强的适用性，"听说领先"的原则和汉语教学中"语文分家"的主张十分吻合。但是，随着时代的发展，对外汉语教学也对听说法提出了新要求，我们认为听说法在秉持自己特色的基础上，综合各家教学法流派优点，并不断创新，势必在对外汉语课堂教学的未来模式中占据不可或缺的地位。

关键词　听说法　对外汉语课堂教学　适用性　未来模式

对外汉语教学走过了近半个世纪的历程，在这样一个漫长的过程中，诸多国外语言教学法流派都对对外汉语教学产生过或多或少的影响，在世界范围内影响很大的教学法流派更是深深地影响了不同时期的对外汉语教学。其中，听说法作为世界外语教学界里程碑式的教学法，在对外汉语教学的发展过程中起到了举足轻重的作用。虽然时代在发展，听说法的弊端也日益显现，但是，鉴于听说法的特点与优势以及对外汉语教学在外语教学中的独特之处，我们认为听说法在当今对外汉语综合课教学中仍然发挥着重要的作用，有其适用性。

一、听说法简介

听说法也叫口语法(oral approach)、句型法(pattern method)，20世纪40年代产生于美国，并在五六十年代风行美国和西方各国。听说法产生的理论基础是结构主义语言学和行为主义心理学，其语言观是建立在可以科学地观察到并描写出的人类言语之上的。众所周知，结构主义有两个重要特点：一是强调口语的第一性，二是把语言看成是一个由各种小的语言单位根据语言规则组合起来的结构系统。

因此，听说法有其鲜明的教学理念。首先，根据听说领先的原则，外语教学应该注重学生语言口头表达能力的培养，必须以听说为主，读写为辅。在学生打下一定的听说基础后，再进行读写教学，使读写促进教学。其次，根据语言是一种系统结构的观点，学习语言就是从音位到句子的语言基本单位以及它们的组合规则的学习。所以听说法采用的大纲是结构大纲。教材的选择、编排和呈现都以语言结构的难易程度的顺序为依据，结构是编写大纲的基础，句型是语言教学的基础，也是整个外语教学的中心部分。听说法的课堂活动种类有限，对话只为句子结构提供一定的语言环境，通过句型操练来牢记对话和句子结构。第三，根据行为主义心理学刺激与反应的学说，语言的习得即是形成一套新的语言习惯，形成过程遵循"刺激——反应——强化"的顺序，在外语教学里培养语言习惯要靠反复操练。因此，教学过程中，教师发出刺激信号对学生（做出应答）进行持续的句型操练，学生在反复的操练中习得一套新的语言习惯，从而掌握该门语言。第四，在语言学习理论方面，听说法受行为主义理论的影响，认为外语学习基本上是一个机械的形成习惯的过程。好习惯是通过正确的而不是错误的反应形成的，所以课堂活动在教师的严格控制之下，学生的错误得到及时纠正，学习者靠目的语的句型的正确练习学会目的语系统。听说法强调教师的中心作用，排斥或限制母语，教学材料以教师为中心并起到辅助教师的作用。

从以上的分析我们不难总结出听说法的优点：（1）认为口语是外语学习

的基础，以培养听说能力为主，在此基础上发展读写能力。（2）认为句型操练是一种有效的手段。听说法创造了一套通过句型操练进行听、说、读、写基本训练的方法，建立了一整套形成自动化言语习惯的练习体系。（3）在对比母语和外语的基础上确立重点和难点，并在教学中有针对性地加以解决。（4）广泛利用现代化教学技术手段。

当然，任何一种教学法都不是十全十美的，听说法也有其缺陷：（1）否定了人的认知能力和智力在外语学习中的作用。机械性的操练不利于学生掌握语言基础知识和活用语言之能力的训练和培养。（2）过于注重语言的结构形式，忽视语言的内容和意义。因此学生所学的知识不能很好地转化为技能，语言交际能力不强。（3）学习者的读写能力较弱。不能否认，其缺陷是当时的历史发展状况和条件苑囿所致，随着时代发展，听说法也必将做出相应的改变。

二、听说法与对外汉语教学的现状

听说法在对外汉语教学的发展过程中有着深远的影响。听说法在20世纪60年代中期达到它的鼎盛时期，于60年代末受到批评，开始走向没落，但是，我们认为听说法对对外汉语教学的影响至今仍然很大，现今的对外汉语教学还在或多或少地重复着或者借鉴着听说法的教学原则、教学过程和一些教学环节。通过我们的教学实践和对部分教材的考察以及对一些汉语教师的调查，我们发现：首先，中国境内的对外汉语教学中，通过替换、单项选择、完成句子、设置情景说出句子等方式来不断地操练和巩固语法句型和重点生词用法的教学行为普遍存在。特别是在讲练语法点（语法项目）时，我们几乎没有脱离开以句型为基础和中心环节的原则，也可以说听说法所倡导的句型操练（用各种方式达到练习、掌握的目的）是较好的，也是较为被广大教师接受和采纳的，是能最大限度帮助学生掌握语法点（语法项目）的方法。

　　其次，现今大部分对外汉语教学界的专家和学者主要提倡和赞成的还是"听说领先，读写跟上"的教学模式。课堂教学中，我们对学习者听说能力的重视程度明显高于读写能力，特别是在汉语学习的初级阶段，听说能力的培养是课堂教学的首要目标。这一点从各所学校的课时分配和课型安排上可见一斑，北京语言大学进修学院的初级系，初级上采用主讲——复练的教学模式，每周二十课时的综合课（因其教材主要以口语会话为主，我们认为更确切的说法因该是口语为主导的综合课）；初级下采用主干课和技能课相结合的教学模式，主干课即综合课十课时，听说课四课时，读写课四课时，选修课两课时。平均来看，听说能力的训练占到学生一周课堂学习时间总量的80%以上，可见其对培养学生听说能力的重视；在其他以汉语培训为目的的学校的初级班，一般是综合课（教材内容以口语中常用语为材料，采取对话的形式）六课时，口语课六课时，听力课四课时，而阅读课只有四课时。由此可见，对外汉语课堂教学中，尤其在初级阶段，听说方面的训练远远多于读写。

　　再次，每位教师基本上已经掌握了一门外语，但教师在课堂中要尽可能运用汉语，即学生的目的语进行讲练和解释。也就是说，我们虽然对学生母语或者媒介语的态度已经更加宽容，但是我们还是比较倾向于少用，甚至不用。

　　最后，课堂教学中学生要把大部分时间用在模仿、重复、会话、活动、记忆等实践练习上，在大量操练的基础上养成一套汉语的语言习惯。我们查看了几本教材的教师用书，其中以杨寄洲主编的《汉语教程》第一、二册的教师用书为例，其教学要求中明确说明要让学生能够背诵或者背说课文，而途径正是教师的领读、学生和老师一起的齐读、学生个别读、分角色朗读等，我们不难发现其与听说法的要求相吻合。

　　海外的汉语教学中，特别是美国的汉语教学中，听说法仍然是主角，他们基本上还是按照听说法的教学原则、教学过程和教学环节在上课。我们通过与美国暑期来华项目中工作的研究生访谈，发现：美国大学的汉语课堂，听说法广泛运用，特别是在小班（一般为7人左右）授课中，教师所要做的只是对一些语法点或者重点词语进行句型操练，每个语法点基本上是每个学生都要练习到，所以教师要准备大量的例句来帮助学生建立起汉语的说话习惯，其中包括个别同学的单独练习和全班同学的同步练习，目的只是让学生最终记住这个语法点的用法，能够正确地运用该语法点，而且教师是整个课堂的操控者，虽然教师也可以偶尔用英语解释一下，但总体来说，学生的学习很机械，很被动。我们认为这应该是比较典型的听说法的课堂教学情况。

三、听说法对对外汉语教学的适用性

正如前文所述，无论是境内的对外汉语课堂教学还是海外的汉语课堂教学，听说法的影响至今未减。由此，我们不免会想为什么在听说法已经不再辉煌，新的教学法不断涌现的今天，它还可以在汉语作为第二语言的教学中地位不衰呢？

我们认为这主要是因为它的一些原则和理念更符合汉语的特点和汉语教学的特点。首先，对外汉语教学，特别是初级汉语教学，有关"语、文"的分与合还是争论的焦点。汉语作为非拼音文字的语言，汉字的认读和书写一直是学生的困难所在，所以相当一些学者认为在初级阶段应该是"语、文"分家的，听说要绝对领先，在学生已经有了一定的听说基础以后再开始汉字的学习，以此来减轻学生的学习负担。而这样的实际诉求和听说法的"听说领先"原则一拍即合，因此，听说法在对外汉语教学中长期起到特定的作用也就不难理解了。其次，汉语与印欧语系的语言相去甚远，所以对外汉语教学特别是海外的汉语教学不能像那些印欧语系的语言教学一样很顺利地运用交际法、任务型教学法，通过几乎真实的交际来完成学习。汉语教学更适合通过最小意义项的对比来确定学习的难点，从而在教学活动中有针对性地进行练习、解决。由此可见，听说法在对外汉语教学中还是有很强的适用性的。再次，汉语学习者中，特别是欧美学生中，以短期学习的学生为主，其中零起点的初级学生更是大多数，真正在中高级阶段学习的学生并不多。这样的一种学生情况，加上听说法在语言学习的初级阶段更加有效，更能培养学生的开口说话能力，解决其"生存阶段"的语言运用要求，从而让学生获得学习的成就感，因此，听说法在对外汉语教学中一直占据较为重要的地位而且取得了一定的成绩。

通过以上分析，我们认为听说法在对外汉语教学中有很强的适用性，它在对外汉语教学的发展过程中有着相当重要的作用，所以，听说法势必在对外汉语教学的未来模式中成为不可或缺的教学方法。

四、对外汉语教学对听说法的要求

纵观外语教学法各流派产生和发展的过程，我们可以感受到它们之间相互联系的脉络和内在的发展规律。它们一方面有着历史发展的先后顺序，另一方面又处于长期并存的局面之中，它们不是因为产生了新的教学法流派而自行消亡，而是取长补短，相互促进，不断完善自身体系。在对外汉语课堂教学中，虽然我们认为听说法有广阔的用武之地，但是，随着时代的发展，语言学习和心理学的研究也在不断向前，对外汉语教学自身对教学法、教学模式提出了新的要求。另外，听说法自身的一些局限和缺陷也促使它在坚持自身特点的基础上吸取其他教学法的优点和长处，自我完善，从而更适应对外汉语教学的发展和要求，发挥更大的作用，促进对外汉语教学的进一步发展。

首先，听说法应该吸取情景法和视听法的一些原则，使重复的操练更具趣味性，句型的学习更能调动学生的学习兴趣。长期以来，听说法的句型操练常常为了练习句型而堆砌一些生硬的句子，只顾形式，不顾内容和意义，忽视句子的语用价值，机械性过强，造成正确性较好、得体性很差等问题。我们认为听说法可以通过吸取情景法和视听法在组织句子时注意句子之间的联系，创设一定的情景来安排例句，使例句在内容和意义上互相衔接，从而在其经典的句型操练方面得到完善，更趋合理，更好地达成操练的目的。

其次，听说法应该借鉴认知法的观点，使对外汉语教学更能跟上现代科学研究的发展，理论基础建设更加广博和先进。教师在听说法的课堂中处于绝对的领导地位，严格控制整个课堂行为，学生只是被刺激后做出反应的角色。通过吸收认知法的优点，对外汉语课堂中学生的中心地位得以凸显，教师起到辅助性作用，帮助学生发挥他们的主观能动性，引导他们去发现汉语当中的规则，从而在理解语言知识和规则的基础上进行有意的操练，使操练更有效率。同时，听说法对学生的错误过于敏感，逢错必纠，这一点也应该吸取认知法相对折中的处理态度，对那些影响交际的错误进行纠正，降低学生在课堂上的焦虑程度，让学生大胆地表达，快乐地输出。

再次，听说法应该吸取功能法的一些特点，从而使对外汉语教学目标更加明确，取得更好的教学效果。听说法指导下的学习内容和学习材料都是以教师为中心而组织和编排的，通过借鉴功能法的优点，对外汉语教学也要尽量从学生的实际出发，进行必要的需求分析，为学生确定相应的学习目标，然后决定学生应该掌握什么词汇、语言项目和功能，从而使教材内容和教学的具体方法都集中在完成这样一个目标上，达到学生学用结合，学以致用。由此，我们在决定操练的句型的语义和功能种类时目的性更强，最终使得操练的例句在学生以后的工作或者生活中可以充分运用。

还有，听说法应该吸收一些新兴的语言教学法，特别是交际法的优点。其实，听说就是为交际做的准备，而交际的前提就应该是听得懂，说得出，此两种教学法的融合相对较为容易，这样可以使对外汉语课堂教学更接近真实的交际。我们常常发现，学生在听说法指导下的课堂学习一般在语言的正确性方面问题不大，但是他们活用语言的能力相对较低，在得体性方面问题较多。例如，学生早已学过如何问别人年龄，而在初次和老师见面时还会脱口而出"老师，你几岁？"这个句子的结构没有任何问题，问题在于他使用的对象错了，造成了语言的得体性很差。所以，在听说法指导下组织课堂教学时，可以适当交际化，教师尽可能提供真实的情景和创设相对真实的交际环境，让学生学会运用语言。而且教师还可以将操练句型和组织接近真实生活的、有意义的交际任务相结合，让学生用汉语去练习句型、完成交际任务，培养他们的交际能力。

最后，听说法还应该吸取那些传统教学法的优点，比如语法翻译法、自觉对比法等。学生中虽然多数为短期初级汉语学习者，但是还有相当一部分是因为对汉语、对中国文化感兴趣，甚至有志于成为汉学家的学习者，对于他们，只是一味地听说领先，听说和读写的差距过大的话，他们的学习目标是不能达成的。因此，重视汉字的读写，文章的阅读和汉语写作等方面的训练，争取做到听说稍稍领先，听说读写全面发展对这类学生更有帮助。同时也会使得对外汉语教学更加全面，能够满足各类学习者的要求。

以上有关听说法应该吸取哪些教学法的优点，只是我们的一家之言，一定不是非常全面的，而且教无定法，新时期的对外汉语教学对老而弥坚的听说法还有更高的要求，也不一定都能从各家教学法的优点中得到答案。在听说法的基本原则之上，我们要不断创新，才能使其在对外汉语教学中发挥更大的作用。

五、小结

我们认为，适合于学生需要的教学方法就是好方法。具体教学方法的选择是在对学习者各种因素、教学的具体环境和设备进行仔细分析后做出的。听说法以其优点和特点与对外汉语教学建立了密切的联系，在对外汉语教学方面具有较强的适用性，我们认为听说法应该成为对外汉语课堂教学的一个可行性指导方法，在此基础上取长补短，不断创新，形成"以听说法为基础，综合其他教学法优点，适应学生学习需求"的对外汉语教学的未来模式，从而促进对外汉语教学的发展和对外汉语事业的发展。

参考文献

［1］刘　珣（2000）《对外汉语教育学引论》，北京：北京语言文化大学出版社。

［2］李　泉（2006）《对外汉语课程、大纲与教学模式研究》，北京：商务印书馆。

［3］束定芳、庄智象（1996）《现代外语教学——理论、实践与方法》，上海：上海外语教育出版社。

［4］束定芳、庄智象（1998）《现代外语教学》，北京：高等教育出版社。

［5］章兼中（1983）《国外外语教学法主要流派》，上海：华东师范大学出版社。

［6］张治英（2000）外语教学法的优化选择与综合运用，《外语教学》第1期。

［7］Rivers W.M.（1981）《Teaching Foreign Language Skills》，Chicago：*University of Chicago Press*.

［8］Albert Weideman（2002）The Old and the New: Reconsidering Eclecticism in Language Teaching, *Faculty of Education*.

［9］Stern，HH.（1999）Fundamental Concepts of Language Teaching，Shanghai *Oxford University Press /Shanghai Foreign Language Education Press*.

从法语母语者的语言偏误看汉语的名词谓语句和法语相应句式的对比

甘宗铭

提 要 本文根据法语母语者在汉语名词谓语句方面常出现的一些语言偏误，从汉语名词谓语句和法语相应句式的结构入手，对比了汉语名词谓语句和法语相应句式在主语和谓语成分方面的差异，指出其在结构上的最大差别是汉语的主语和谓语之间动词的使用为非强制性，而法语的主语和谓语之间动词的使用是强制性的。对比汉语名词谓语句和法语相应句式之间的差别，有助于帮助法语母语者了解汉语名词谓语句这一汉语的语言特点，从而更好地掌握它。

关键词 法语母语者 汉语 法语 名词谓语句 对比

一、法语母语者在汉语名词谓语句方面的语言偏误

在对外汉语教学中我们常常发现，在表达相同意思的时候，教学对象为法语母语者时，他们所说的句子常常跟中国人所说的句子不太一样，有些句子在语法上并不一定是错句，只是在特定语境下不是最恰当的句子，会让中国人觉得他所说的汉语还不那么地道。以下的法语母语者的例句，搜集于初、中级阶段的以法语为母语的留学生。例如：

（1）问：她哪国人？
中国人：她法国人。

留学生：她是法国人。

（2）问：他干什么的？

中国人：他管生产的。

留学生：他是管生产的。

（3）问：明天天气怎么样？

中国人：明天晴天。

留学生：明天是晴天。

（4）问：今天几号？

中国人：今天8月5号。

留学生：今天是8月5号。

（5）问：现在几点？

中国人：现在三点四十。

留学生：现在是三点四十。

（6）问：这本书多少钱？

中国人：这本书八十块钱。

留学生：这本书是八十块钱。

（7）问：你多大了？

中国人：我二十岁。

留学生：我有二十岁。

（8）问：这孩子什么样？

中国人：这孩子黄头发，大眼睛。

留学生：这孩子有黄头发，大眼睛。

对比中国人所回答的句子和法语母语者所回答的句子，在语法结构和语义表达上均存在着差异。法语母语者所回答的句子，有些在语法层面虽是正确的句子，但在语义层面却不是最恰当的句子，这也正是让我们感觉到他的汉语说得还不那么地道的原因。

在语法层面上，对于以上问题的回答，中国人一般使用的都是名词谓语句，而法语母语者所使用的都是动词谓语句。

在语义层面上，法语母语者所回答的句子与中国人所回答的句子存在差异。例如：

"她是法国人。"与名词谓语句相比，有强调她是"法国人"，而不是"其他国家的人"的意思。

"他是管生产的。"与名词谓语句相比，有强调他是管"生产"的，而不是管"其他方面工作"的意思。

"明天是晴天。"与名词谓语句相比，有强调明天是"晴天"，而不是"阴天"的意思。

"今天是8月5号。"与名词谓语句相比，有强调今天是"8月5号"，而不是"其他日期"的意思

"现在是三点四十。"与名词谓语句相比，有强调现在是"三点四十"，而不是"其他时间"的意思。

"这本书是八十块钱。"与名词谓语句相比，有强调这本书真的是"八十块钱"，而不是"其他价钱"的意思。

"我有二十岁。"与名词谓语句相比，有强调我真的已达到"二十岁"的意思。

"这孩子有黄头发，大眼睛"是一个病句。一般汉语中表达物体形状特征时，除使用名词谓语句外，还可使用"是"字句，如："这孩子是黄头发，大眼睛"。与名词谓语句相比，有强调这孩子是"黄"头发，而不是"其他颜色"的头发；是"大"眼睛，而不是"小"眼睛。

法语母语者对以上问题的回答，均使用了动词谓语句。这并不说明法语母语者真正了解以上汉语的动词谓语句，有表达强调主语特征的语义。正是因为法语母语者不了解中国人在回答以上问题时习惯使用名词谓语句，所以才按照法语的语法习惯使用了动词谓语句。这也正是让我们觉得他的汉语还不地道的原因，同时也说明这个法语母语者还没有真正掌握汉语的名词谓语

句。因此，我们有必要对比一下汉语的名词谓语句与法语相应句式的差别。

二、汉语的名词谓语句与法语相应句式的结构差别

汉语的名词谓语句是指以名词、名词性偏正词组等作谓语，表示籍贯、年龄、日期、节气、职业、节日、钱数等的句子（李德津、程美珍，1988）。名词性谓语口语性比较强，并且一般是肯定形式（邢福义，1991）。

汉语的名词谓语句在结构上一般分为前后两部分。前边是主语，后边是名词性词语所充当的谓语。汉语名词谓语句的结构为"NP1+NP2"的结构。充当谓语的N2与充当主语的N1之间不用"是"或其他动词连接，如用"是"或其他动词连接即为动词谓语句。例如：

（9）她法国人。（名词谓语句）

　　她是法国人。（动词谓语句）

（10）我二十岁。（名词谓语句）

　　　我有二十岁。（动词谓语句）

汉语名词谓语句的结构树形图为：

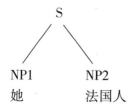

而在法语的相应句式中，当名词、形容词或介词短语作谓语时，必须要使用系词"être"或其他动词。例如：

（11）Je suis Français. （我法国人。）

（12）J'ai vingt ans. （我二十岁。）

法语相应句式的结构树形图为：

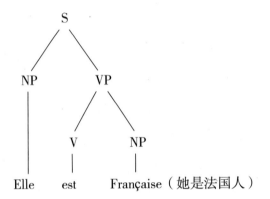

由此可见，汉语名词谓语句与法语相应句式的最大不同在于，汉语的谓语可以由名词充任，而法语的谓语必须是动词。这种不同是由汉语和法语分属不同语系所造成的。由此，我们也就明白了法语母语者所说的那些不恰当的句子，与其受法语语法的影响有关系。例如：

（13）她法国人。Elle est Française.

（14）他管生产的。Il est responsable de la production.

（15）明天晴天。Demain, il fera beau.

（16）今天8月5号。Aujourd'hui, c'est le cinq août.

（17）现在三点四十。Maintenant, il est trois heurs quarante.

（18）这本书八十块钱。Ce livre coûte quatre-vingt yuan.

（19）我二十岁。J'ai vingt ans.

（20）这孩子黄头发，大眼睛。Cet enfant a des cheveux blonds et de grands yeux.

（以上法语句子中，有下划线的词为动词。）

三、汉语名词谓语句与法语相应句式主语的对比

3.1 汉语名词谓语句的主语为名词的情况

汉语名词谓语句的主语为名词、人称代词、指示代词或偏正短语。

3.1.1 当主语为指人的名词性词语时

当主语为指人的名词性词语时，谓语一般为人的名字、职务、籍贯、特征等。此种情况下汉、法两种语言比较一致，不同的是汉语的主语和谓语之间不用动词，法语的主语和谓语之间必须用动词。例如：

（21）她高中生。Elle est lycéenne.

（22）我的老师北京人。Mon professeur est de Beijing.

（23）这孩子黄头发，大眼睛。Cet enfant a des cheveux blonds et de grands yeux.

3.1.2 当主语为表示时间的名词性词语时

当主语为表示时间的名词性词语时，谓语一般为日期、节令或天气等。此种情况下汉、法两种语言相对一致，不同的是汉语的句子中不使用动词，法语的句子中必须使用动词。例如：

（24）今天星期天。Aujourd'hui, nous sommes dimanche.

（25）十月一日国庆节。Le 1er octobre, c'est la Fête nationale.

（26）明天晴天。Demain, il fera beau.

3.1.3 当主语为表示处所、方位的名词性词语时

当主语为表示处所、方位的名词性词语时，谓语一般为处所或事物。此种情况下汉语的名词性主语，在法语的相应句式中往往不一定是主语而是状语。例如：

（27）<u>前面</u>人民英雄纪念碑。<u>Devant nous,</u> c'est le Monument aux héros du peuple.

（28）<u>对面</u>北京大学。<u>En face</u> se trouve l'Université de Beijing.

3.2 汉语名词谓语句的主语为动宾短语或主谓短语的情况

当汉语句子的主语为动宾短语或主谓短语时，汉、法两种语言存在着较大的差别。

3.2.1 汉语句子的主语为动宾短语

汉语句子的主语为动宾短语，而在法语句子中则可能表现为句子的主谓宾，也可能表现为句子的目的状语。例如：

（29）<u>举办展览</u>才一个星期。<u>On organise l'exposition</u> depuis seulement une semaine.

（30）<u>布置房间</u>就一整天。<u>Pour arranger la chambre,</u> il faut toute une journée.

3.2.2 汉语句子的主语为主谓短语

汉语句子的主语为主谓短语，而在法语句子中可能表现为句子的主谓，

也可能表现为从句的主谓宾，而且在词序上与汉语句子也可能存在着较大的差别。例如：

（31）她上班才两个月。Elle travaille depuis seulement deux mois.

（32）我毕业已经四年了。Ça fait déjà quatre ans que j'ai eu mon diplôme.

四、汉语名词谓语句与法语相应句式谓语的对比

4.1　汉语名词谓语句的谓语为名词性词语

汉语的名词可以直接作谓语，即名词谓语句。而法语的名词不能直接作谓语，一定要在名词之前使用动词。

4.1.1　汉语的谓语为名词

汉语的谓语为名词，法语一定要在名词之前使用动词，名词只能作动词的宾语。例如：

（33）明天晴天。Demain, il fera beau.

（34）今天星期天。Aujourd'hui, nous sommes dimanche.

4.1.2　汉语的谓语为数量词或数量短语

汉语的谓语为数量词或数量短语，法语一定要在数量词或数量短语前使用动词，根据谓语性质的不同应使用不同的动词。例如：

（35）爷爷<u>九十二</u>了。Grand-père a <u>quatre-vingt douze ans</u>.

（36）这本书<u>八十块钱</u>。Ce livre <u>coûte quatre-vingt yuan</u>.

（37）他<u>七十五公斤</u>。Il <u>pèse soixante quinze kilogrammes</u>.

4.2　汉语名词谓语句的谓语为名词性短语

4.2.1　汉语的谓语为名词性偏正短语

汉语中这样的句子可以不使用动词，而在法语的相应句式中必须使用动词，有时也可能是无人称动词，而且根据法语的习惯表达方法，其词序和汉语句子相比可能有较大的差别。例如：

（38）那张椅子<u>三条腿儿</u>。La chaise <u>a trois pieds</u>.

（39）全市才<u>八百人</u>。<u>Il y a seulement huit cents d'habitants</u> dans toute la ville.

4.2.2　汉语谓语为名词性并列短语

此类句子，汉、法两种语言差别较大。汉语中这样的句子主语和谓语之间不使用动词，而在法语的相应句式中，根据法语的习惯表达方法，可能使用动词，表现为主谓状的形式，也可能不使用动词，而表现为名词短语的形式。例如：

（40）她<u>一把鼻涕一把泪</u>，好伤心的样子。<u>Elle pleure à chaudes larmes</u>, quelle triste mine.

（41）你小子好啊，<u>铁嘴钢牙</u>！Toi, <u>un vrai débatteur</u>！

4.2.3　汉语谓语为比较结构的短语

汉语中此类句子的主谓之间不使用动词，而在法语的相应句式中，主语与比较结构的短语之间一般需使用动词和连词"comme"。例如：

（42）在我面前她总是小孩儿似的。Elle est toujours comme un enfant avec moi.

（43）满草原的羊群白云一般，煞是好看！Les moutons de la plaine sont comme des nuages, c'est trop beau!

4.2.4　汉语谓语为"的"字结构

汉语中这样的句子主语和谓语之间可不使用动词，而在法语的相应句式中均需使用系动词"être"。例如：

（44）我北京大学的。Je suis de l'Université de Beijing.

（45）这条裤子尼龙的。Ce pantalon est en nylon.

五、结语

名词谓语句是汉语的特点之一。在汉语的名词谓语句中，谓语可由名词或名词性短语充任，主语和谓语之间不使用动词。而法语无名词谓语句这种语法形式，在法语的相应句式中，主语和谓语之间必须使用动词。我们也应看到汉语的名词谓语句口语性比较强，名词谓语句本身更多地体现了汉语的灵活性，而在法语的相应句式中谓语必须是动词则更多地体现了法语的严谨性。对比汉语名词谓语句和法语相应句式，因其主语和谓语成分的不同，有些结构差别较小，有些则因法语习惯表达方式的原因，体现出较大的结构差别。但不管结构上有何不同，汉、法两种语言所表示的语义关系则基本是一致的。

在对外汉语教学实践中，作为教学对象，法语母语者往往会因为受法语语法的影响，在结构上较难掌握汉语的名词谓语句。对比汉语名词谓语句和法语相应句式的结构及语义差别，有助于帮助以法语为母语的教学对象，更精准地掌握汉语名词谓语句，说出更地道的汉语。

参考文献

［1］陈振尧（1996）《新编法语语法》，北京：外语教学与研究出版社。

［2］陈振尧（2002）《新编法语语法》，北京：外语教学与研究出版社。

［3］程美珍（1997）《汉语病句辨析九百例》，北京：华语教学出版社。

［4］贾秀英（2012）《汉法语言句法结构对比研究》，北京：科学出版社。

［5］李德津、程美珍（1994）《外国人实用汉语语法》，北京：华语教学出版社。

［6］曲　辰（2014）《语言类型学视野下的汉法对比研究》，上海：上海三联书店。

［7］佟慧君（1986）《外国人学习汉语病句分析》，北京：北京语言学院出版社。

［8］邢福义（2003）《汉代汉语（全1册）》，北京：高等教育出版社。

美国大华府地区中国文化认知调查实验报告 ①

李　婷

提　要　美国大华府地区是美国政治中心，通过调研发现，汉语和中国文化在美国尤其在年轻人中的影响力越来越大，美国年轻人对中国文化的认知程度和认知倾向越来越高，近年来我国的汉语国际教育及中国文化对外传播卓有成效。但是本次调查对象的特点说明汉语学习及对中华文化的认知在美国才刚刚起步，还有很大的发展空间。调查结果显示，受访者对物质文化认知程度高，非物质文化的认知程度低，在文学家中对古代文学家的认知程度高于现当代作家。

关键词　汉语国际教育　中国文化传播　调查实验

美国大华府地区，包括美国首都华盛顿特区、马里兰州南部和弗吉尼亚州北部，是美国政治中心，在这一地区开展中国文化国际认知的调研工作，显然具有重要意义。本次调研的时间为2013年8月至2016年8月，共发出问卷20000份，回收问卷986份，回收问卷中有部分问卷没有回答完全，包括中间有漏项的或者没有写完的，还有少数问卷出现了大面积相同选项的答案，比如选项出现了一连串的A，接着又出现了一连串的B，还有个别问卷在单选题中填了2个（含）以上的选项，出现这些现象的问卷都视为无效问卷，这样实际回收的有效问卷为232份。下面我们将对这232份问卷做具体分析。

我们将从中国文化的典型载体域中，选择若干有代表性的载体、实体、象征物等，对美国大华府地区的中文学习者进行深入的认知调查，准确了解

---

①　此论文已于2018年发表在《汉学研究》2018年春夏卷（总第二十四集）。

他们对中国文化的认知内容、认知途径和认知程度，分析其认知的深度和广度。调查内容涉及中国传统医学、中国文学与艺术、饮食、传统节日、历史人物、旅游景点、历史名城、代表性建筑等方面。调查问卷认知程度和认可度均采用Likert 5级量表和多项选择相结合的方式进行调研，即所有项目要么采用Likert 5级量表，比如"非常了解、比较了解、一般了解、不太了解、不知道"，或"非常熟悉、比较熟悉、一般、不太熟悉、没听说过"等方式进行调查，要么采用限制性选择的方式进行调查。调查项目则包括以下三个维度：1. 对调查内容的认知程度；2. 对调查内容的认知途径；3. 对调查内容的认可程度（非常喜欢、比较喜欢、一般、不太喜欢、很不喜欢）。

一、调查对象的个人信息

调查对象为美国大华府地区的中文学习者，包括弗吉尼亚州乔治梅森大学中文系本科生、乔治梅森大学孔子学院学生、马里兰大学孔子学院学生、北弗吉尼亚州伍德森高中学生、大华府地区创立最早、影响最大的中文学校——"希望中文学校（Hope Chinese School）"的学生，有效问卷的232人分别来自以上5所学校的学生。

1.1 调查对象的年龄分布

19岁以下，82人，约占35.3%；20—29岁，107人，约占46.1%；30—39岁，20人，约占8.6%；40—49岁，5人，约占2.2%；50—59岁，4人，约占1.7%；60岁以上，14人，约占6%。调查对象以年轻人为主，29岁以下的调查对象占到81.4%。在40岁以上的中老年调查者中，达到退休年龄的60岁以上的调查者居多。

1.2 调查对象的性别分布

女性，144人，占62.1%；男性，88人，占37.9%。

1.3 调查对象的学历分布

高中及相当学历，69人，约占29.7%；高中以上本科以下学历，62人，约占26.7%；本科生，75人，约占32.3%；研究生及以上学历，26人，约占11.2%。大学本科及以下学历者占到绝大部分，这与调查对象的年龄情况大致吻合。

1.4 调查对象的职业分布

学生，162人，约占69.8%；教师及教育工作者，21人，约占9.1%；办公室及技术工作者，22人，约占9.5%；律师，5人，约占2.2%；退休人员及家庭主妇，12人，约占5.2%；商人，3人，约占1.3%；其他，7人，约占3%。本次调查以大学、中学以及中文学校为主，所以被调查者中学生及教育工作者占到绝大多数，同时由于大华府地区为美国政治中心的特殊地理位置，调查者中的文职人员及律师也占有一定的比例。

本次调查对象的年龄及学历跨度大，职业分布范围广，本次调查不进行具体区分，在下一步的研究中会分别对年轻学习者、大学及以上高学历学习者及特定职业的学习者进行中国文化认知的调查实验。

二、调查对象的中文学习背景

2.1 调查对象是否来过中国以及来过中国的调查者在中国的停留时间（包括学习、旅游、工作、生活等）

来过中国的有101人，占43.5%；没来过中国的有131人，占56.5%。没来过中国的人略多。在来过中国的101名调查者中，在中国停留6个月以下的有69人，约占68.3%；停留3年以上的有21人，约占20.8%；停留时间2—3年的有9人，约占8.9%；停留时间1—2年的有2人，约占2%；停留时间6—12个月的人数为0。可以看出，以短期停留过中国的人为最多，其次为3年以上长期停留的人，呈现停留时间或短或长的两头趋势。

2.2 调查对象学习汉语的时间及汉语水平的自我评价

学习汉语6个月以下的有79人，约占34.1%；6—12个月的有64人，约占27.6%；1—2年的有28人，约占12.1%；2年以上的有61人，约占26.3%。调查者中汉语水平非常高的有25人，约占10.8%；汉语水平较高的有19人，约占8.2%；汉语水平一般的有35人，约占15.1%；汉语水平较差的有74人，约占31.9%；汉语水平非常差的有79人，约占34.1%。

可以看出，调查对象的整体汉语学习时间不长，汉语水平不高，大部分调查者的汉语水平处于入门或初级水平。

2.3 调查对象汉语学习兴趣的自我评价

对汉语学习非常感兴趣的有84人，约占36.2%；较感兴趣的有87人，约占37.5%；一般的有39人，约占16.8%；不太感兴趣的有18人，约占7.8%；完全没兴趣的有4人，约占1.7%。可以看出，调查对象的汉语学习兴趣普遍较高或非常高。

本次调查对象的中文学习背景也比较复杂，本次调查不进行区分，在下一步的研究中会分别对来过或未来过中国的学习者以及不同学习时间的学习者进行中国文化认知的调查实验。

三、中国物质文化认知的调查结果

中国物质文化认知包括对中国饮食、中国名胜、中国传统乐器等的认知。

3.1 中国饮食

此项调查为多项选择，在被调查的232人中，知道并品尝过中国茶的有140人，约占60.3%；北京烤鸭的有137人，约占59.1%；粽子的有55人，约占23.7%；饺子的有158人，约占68.1%；馄饨的有103人，约占44.4%；月饼的有124人，约占53.4%；中国煎饼的有85人，约占36.6%。可以看出，调查对象对中国饮食中的饺子认知度最高，对中国茶和北京烤鸭也比较了解，但是对中国人非常熟悉的传统食品粽子认知度很低。

表1　中国饮食认知调查结果

序号	名称	调查结果	
		吃（喝）过人数（人）	百分比（%）
1	粽子	55	23.7
2	饺子	158	68.1
3	烙饼	85	36.6
4	馄饨	103	44.4
5	月饼	124	53.4
6	中国茶	140	60.3
7	北京烤鸭	137	59.1

3.2 中国名胜

此项调查为多项选择，在被调查的232人中，知道西安兵马俑的有152人，约占65.5%；敦煌的有40人，约占17.2%；长城的有185人，约占79.7%；故宫的有167人，约占72%；颐和园的有137人，约占59.1%；天安门的有155人，约占66.8%。可以看出，调查对象对长城、故宫、天安门、兵马俑的认知度高，知道敦煌的人比较少。

表2 中国名胜认知调查结果

序号	名称	调查结果	
		知道人数（人）	百分比（%）
1	兵马俑	152	65.5
2	敦煌	40	17.2
3	长城	185	79.7
4	故宫	167	72
5	颐和园	137	59.1
6	天安门	155	66.8

3.3 中国传统乐器

此项调查为多项选择，在被调查的232人中，知道二胡的有58人，约占25%；古筝的有46人，约占19.9%；琵琶的有46人，约占19.9%；笛子的有43人，约占18.5%；以上乐器都不知道的有122人，约占52.6%。可以看出，调查对象对中国传统乐器的整体认知程度不高，其中有过一半的人完全不知道中国四大传统乐器。

表3 中国传统乐器认知调查结果

序号	名称	调查结果	
		知道人数（人）	百分比（%）
1	二胡	58	25
2	古筝	46	19.9

（续表）

序号	名称	调查结果	
		知道人数（人）	百分比（%）
3	琵琶	46	19.9
4	笛子	43	18.5
5	都不知道	122	52.6

四、中国非物质文化认知的调查结果

中国非物质文化认知包括对中国传统节日、中国传统艺术、中国古代文学家、中国古代哲学家、中国现当代作家、中国古典名著等的认知。

4.1 中国传统节日

此项调查为多项选择，在被调查的232人中，知道春节的有135人，约占58.2%；元宵节的有132人，约占56.9%；清明节的有48人，约占20.7%；端午节的有90人，约占38.8%；中秋节的有129人，约占55.6%；七夕节的有18人，约占7.8%；国庆节的有69人，约占29.7%；重阳节的有18人，约占7.8%。可以看出，调查对象对中国传统节日中的春节、元宵节（灯节）、中秋节认知程度高，对重阳节和七夕节的认知程度低。

表4　中国传统节日认知调查结果

序号	名称	调查结果	
		知道人数（人）	百分比（%）
1	春节	135	58.2
2	元宵节	132	56.9
3	清明节	48	20.7
4	端午节	90	38.8
5	中秋节	129	55.6
6	七夕节	18	7.8

（续表）

序号	名称	调查结果	
		知道人数（人）	百分比（%）
7	国庆节	69	29.7
8	重阳节	18	7.8

4.2 中国古代文学家

此项调查为多项选择，在被调查的232人中，知道屈原的有24人，约占10.3%；李白的有87人，约占37.5%；杜甫的有48人，约占20.7%；曹雪芹的有15人，约占6.5%；陶渊明的有21人，约占9.1%。可以看出，除了李白以外，调查对象对中国古代文学家的认知程度不高。

表5 中国古代文学家认知调查结果

序号	名称	调查结果	
		知道人数（人）	百分比（%）
1	屈原	24	10.3
2	李白	87	37.5
3	杜甫	48	20.7
4	曹雪芹	15	6.5
5	陶渊明	21	9.1

4.3 中国古代哲学家

此项调查为多项选择，在被调查的232人中，知道老子的有102人，约占44%；庄子的有30人，约占12.9%；孔子的有168人，约占72.4%；孟子的有63人，约占27.1%。可以看出，调查对象对中国古代哲学家的认知程度整体比对中国古代文学家的认知程度高，尤其对孔子的认知程度很高，接近2/3的人知道孔子。

表6　中国古代哲学家认知调查结果

序号	名称	调查结果	
		知道人数（人）	百分比（%）
1	老子	102	44
2	庄子	30	12.9
3	孔子	168	72.4
4	孟子	63	27.1

4.4　中国现当代作家

此项调查为多项选择，在被调查的232人中，知道鲁迅的有18人，约占7.8%；郭沫若的有10人，约占4.3%；巴金的有10人，约占4.3%；老舍的有22人，约占9.5%；张爱玲的有30人，约占12.9%；王蒙的有0人；莫言的有15人，约占6.5%；贾平凹的有2人，约占0.9%；梁晓声的有0人；韩寒的有14人，约占6%。可以看出，调查对象对中国现当代作家的认知程度很低，其中认知程度略高一点的是张爱玲、老舍、鲁迅。

表7　中国现当代作家认知调查结果

序号	名称	调查结果	
		知道人数（人）	百分比（%）
1	鲁迅	18	7.8
2	郭沫若	10	4.3
3	巴金	10	4.3
4	老舍	22	9.5
5	张爱玲	30	12.9
6	王蒙	0	0
7	莫言	15	6.5
8	贾平凹	2	0.9
9	梁晓声	0	0
10	韩寒	14	6

4.5 中国古代文学作品"四大名著"及中国古代经典作品

此项调查为多项选择，在被调查的232人中，知道《三国演义》的有60人，约占25.9%；《水浒》的有27人，约占11.6%；《西游记》的有69人，约占29.7%；《红楼梦》的有30人，约占12.9%；《易经》的有39人，约占16.8%；《三字经》的有21人，约占9%；《论语》的有87人，约占37.5%；《本草纲目》的有2人，约占0.9%。可以看出，调查对象对中国古代"四大名著"和中国古代经典作品的认知程度整体不高，"四大名著"中对《西游记》和《三国演义》认知略高，古代经典中对《论语》认知略高。

表8 中国古代"四大名著"认知调查结果

序号	名称	调查结果	
		知道人数（人）	百分比（%）
1	三国演义	60	25.9
2	水浒	27	11.6
3	西游记	69	29.7
4	红楼梦	30	12.9
5	易经	39	16.8
6	三字经	21	9
7	论语	87	37.5
8	本草纲目	2	0.9

4.6 中华传统艺术文化

此次调查还采用了Likert 5级量表的形式，调查了对中华传统艺术文化的认知程度和认知倾向，其中包括对中国书法、中国功夫、中国歌曲、传统服饰、中医、京剧、历法和生肖等的调查，每项测试题目的最高分是50分，最低分是10分，没有选择的视为0分。在被调查的232人中，中国书法的平均得分是42.2分，中国功夫的平均得分是39.3分，中国歌曲的平均得分是33.2分，传统服饰的平均得分是27.5分，中医的平均得分是24.8分，京剧的平均得分是28.3分，历法的平均得分是24.5分，生肖的平均得分是36分。可以看出，调查对象对中华传统艺术文化的整体认知程度较高。在所调查的八个项目中，对中国书法、中国功夫、生肖的认知程度较高，对中国传统历法、中医的认知程度较低。

五、结论

通过本次对美国大华府地区中文学习者对中华传统文化的认知调查研究，可以初步得出以下几点结论：

1. 本次调查对象以年轻人为主，29岁以下的调查者占到81%，其中学生（包括大、中、小学生）占到70%，一方面我们主要想调查汉语学习以及中国文化在美国年轻人中的影响，一方面也可以看出中国语言和文化在美国尤其在美国年轻人中的的影响力越来越大，美国年轻人对中国文化的认知程度和认知倾向越来越高，这是一个好的趋势。我们也将在下一步的研究中分别对来过及没有来过中国的美国年轻人的中华文化认知情况进行更为聚焦的调查研究。

2. 本次调查对象对中华文化要素的认知几乎没有空白点，包括一些预知可能冷门的选项也有应答，而调查对象中其实只有44%的人来过中国，有56%的人并没有来过中国，来过中国的人也以一年以下的短期停留为主，占到68%。这是因为一方面调查对象基本是中文学习者，本身就是对中文及中国文化感兴趣或者有渊源的人群，而且所调查的大华府地区是美国受教育程度最高的地区之一，当地华人比例比较高，对中华文化的普遍认知程度较高；另一方面也可以看出近年来走出国门走向海外的汉语国际传播以及中国文化传播是卓有成效的。

3. 本次调查对象学习汉语的时间普遍不长，学习时间一年以下的占到62%，对自己汉语水平的自我评价普遍不高，认为自己的汉语水平较差或非常差的占到66%，认为自己的汉语水平较高或者非常高的只占到19%，但是他们的汉语学习兴趣很高，表示较感兴趣或非常感兴趣的占到73%，说明汉语学习及对中华文化的认知在美国才刚刚起步，方兴未艾，还有很大的发展空间。

4. 对中国物质文化的调查结果显示，与日常衣食住行相关的物质文化认知程度高，如中国饮食和中国名胜，与精神艺术领域相关的物质文化认知程度低，如中国传统乐器，可见对中华传统文化的认知还存在浅层化、感官化、体验化、娱乐化的倾向。

5. 对中国非物质文化的调查结果显示，非物质文化的认知程度普遍不如物质文化的认知程度，可以看出调查对象对中国深层文化诸如文学、哲学、伦理、政治等的认知缺乏，其中对中国传统节日和中国古代哲学家中的孔子、老子认知程度较高，对中国文学家以及文学名著、经典名著的认知程度低，这与调查对象的汉语水平以及我们的宣传力度有关，可以看出宣传力度高的文化产品相应的认知程度就高。在文学家中对古代文学家的认知程度和认知倾向高于现当代作家，可见调查对象对中华传统文化具有一定的鉴赏力，对传统文化中的精髓认知倾向更高，应该多加强对中华传统文化中的精华部分、深层部分的传播工作，同时还应该重视对中国现代文化知识的普及和传播工作。

参考文献

［1］茅海燕（2017）论汉语国际传播中的跨文化交际与对外汉语教学，《安徽文学（下半月）》第3期。

［2］王添森（2011）文化定势与文化传播——国际汉语教师的认知困境，《中国文化研究》第3期。

［3］张西平（2007）简论孔子学院的软实力功能，《世界汉语教学》第3期。

语言习得研究

以英语为母语的汉语学习者"了"习得过程
纵向个案研究

杜 卡

提 要 本文通过对一名处于目的语环境下英语母语高级汉语学习者Z进行了长达一年的自然谈话，对谈话内容进行录音并转写，将含有"了"的句子结构分为四大类、七小类，从前期、中期和后期三个时期来对学习者Z"了"的习得过程进行考察。研究有以下几个发现：第一，各句式的难度不能单从正确使用相对频率来判断，同时也需要参考母语者的使用情况。第二，"了"各句式的偏误纵向发展基本是从前期的误代、误加到中期的误加、遗漏，再到后期的遗漏和错序，中后期学习者试图使用更多不同的语言形式，偏误类型最为丰富。第三，学习者Z的动词情状类型的纵向发展基本上支持"情状优先假设"，随着时间的推移，非终结性动词的使用比例越来越高。第四，"了"各句式中谓词等级随着时间的推移得到了提高，词性色彩种类从单一到褒义、中性、贬义并存，短语类型也得到了扩充。

关键词 "了" 习得过程 偏误 动词情状

一、引言

"了"是现代汉语中使用频率非常高的词语之一，同时也是一个非常复杂的语法点。关于英语母语汉语学习者"了"的习得纵向个案研究起始于1993年。孙德坤对两名英语母语初级汉语学习者进行了四个月的口语追踪，发现其中一名学习者首先习得"了$_2$"。赵立江（1997）和李兰霞（2012）发现研究对象首先习得"了$_1$"。冯素文（2013）对一名初级和一名高级美国汉语学习者进行了七个月的跟踪，发现"动+了$_1$+宾"容易习得；"动/形+了$_1$+数量+小句""动+了$_1$+宾语+了$_2$"最难习得。

从前人的研究成果来看，关于高级汉语学习者的纵向个案研究屈指可数，因此笔者想要深入了解英语母语高级汉语学习者是如何使用"了"的，使用不同的句式时有什么样的特点？学习者使用"了"的时候和母语者使用"了"的时候会有何不同？高级汉语学习者"了"的习得过程是怎么样的，前期、中期和后期的发展轨迹是什么样的？

二、研究设计

本文从2017年1月到2018年1月对一名来自英国的英语母语高级汉语学习者Z进行了长达一年的口语追踪。在研究前，Z同意在研究期间任何时候进行录音，因此研究对象并不清楚到底是什么时候进行的录音，以保证自然输出；平均每周录音一次，每次录音持续20—40分钟。最后共获得学习者的语料55370字（不包括笔者本人的语料），有效用例589条。

2.1 语料的分类

由于研究精力有限，本文所涉及的含有"了"的句式均为肯定句，不包括与含有"了"或与其相关的否定句和疑问句。笔者参考了《现代汉语八百词》将含有"了"的句子结构分为以下四大类以及下面的若干小类（见表1）：

表1 "了"句式分类

序号	句式	例句
T1-1	动+了$_1$+宾	我们还是聊了好多政治上的问题。
T1-2	动+了$_1$+数量短语+（小句）	我最近跟W说了几次。
T2	动+宾+了$_2$	可能是因为我的爱人都背叛我了。
T3-1	动+了$_1$+宾+了$_2$	已经上了中学了。
T3-2	动+了$_1$+数量短语+了$_2$	我已经看了四个小时了，还没看完。
T4-1	动+了	我已经吃完了，别给我订了。
T4-2	形+了$_2$	一会儿天就亮了。
T4-3	名/数+了$_2$	冬天了！

2.2 语料的分析

第一，统计8种句式的有效用例、正确用例、偏误用例、正确率、使用频率以及正确使用相对频率，并用表格和柱状图表示出来。例如：T1-1正确使用相对频率%=T1-1的正确使用次数/八种结构的使用频次（保留小数点后两位）×100%。同时，将不同句式的使用率和母语者语料进行对比，结合正确使用相对频率，判断学习者"了"的习得情况。

第二，打破句式的限制，从偏误、动词情状类型使用情况和句式复杂度来展现学习者Z前期、中期和后期"了"的习得情况。

三、"了"的各句式习得情况以及和母语者的对比

经过从2017年2月到2018年1月长达一年的跟踪调查，笔者共收集了学习者Z的语料55370字（不包括笔者的语料），共提取出有效用例589条。根据第二小节的语料分类方法，笔者对学习者和母语者"了"的语料进行了分析统计，概况如下。

3.1 学习者Z"了"的各句式统计结果与数据分布

首先，笔者对学习者Z各个句式的使用情况做出了数据统计。笔者主要考察了在研究期间，学习者Z各句式的使用频次、使用频率、偏误频次、正确率以及正确使用相对频率，结果如下表：

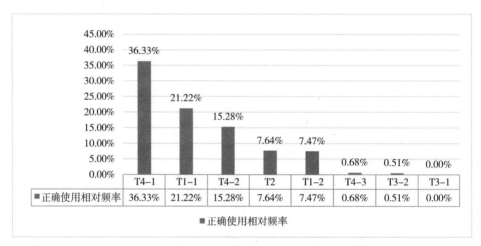

图1 学习者Z各个句式正确使用相对频率排序柱状图

从上图笔者得出了各个句式正确使用相对频率的排序，分别是：T4-1>T1-1>T4-2>T2>T1-2>T4-3>T3-2>T3-1。

其中，T4-1（动+了）和T1-1（动+了$_1$+宾）由于其语义的丰富性和语际差异较小而名列第一第二。

T4-2（形+了$_2$）由于其结构的简单性也位居第三，单个句式的正确率也达到了95%以上。冯素文（2013）发现"形+了"和"动+了"一样，习得情况非常稳定，正确率非常高。丁崇明（2012）在研究中发现"形+了"的习得难度是倒数第二小的，难度值是0.904。

T1-2（动+了$_1$+宾+数量短语）和T2（动+宾+了$_2$）正确使用相对频率不相上下，位居中间。

从T4-3（名/数+了$_2$）开始，正确使用相对频率开始低于1%，而且学习者从头到尾根本没有使用过T3-1（动+了$_1$+宾+了$_2$），因此其正确使用相对频率为零。

3.2 学习者Z和母语者"了"的使用频率对比

关于母语者的对比语料，笔者从中国传媒大学制作的媒体语言语料库（MLC）中《锵锵三人行》从2008—2010年间含有"了"的1 896 673条记录中随机抽取了300条语料。《锵锵三人行》是凤凰卫视一档三人访谈电视节目，主持人语言风格自然、日常，讨论话题多涉及日常社会生活和政治生活等题材，与笔者和学习者Z所涉及过的谈话话题类似，可参考性比较大。

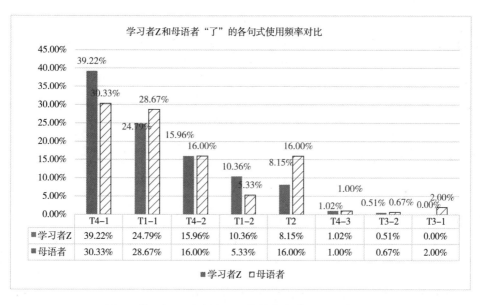

学习者Z和母语者"了"的各句式使用频率对比

	T4-1	T1-1	T4-2	T1-2	T2	T4-3	T3-2	T3-1
学习者Z	39.22%	24.79%	15.96%	10.36%	8.15%	1.02%	0.51%	0.00%
母语者	30.33%	28.67%	16.00%	5.33%	16.00%	1.00%	0.67%	2.00%

图2 学习者Z和母语者"了"的各句式使用频率对比

学习者Z和母语者使用频率分布的相似点：

1. T4-1（动+了）、T1-1（动+了$_1$+宾）、T4-2（形+了）句式的使用频率分别排名前三。

2. T4-2（形+了$_2$）、T4-3（名/数+了$_2$）、T3-2（动+了$_1$+数量+了$_2$）句式的

使用频率非常接近，差距都在0.2%以内。

3. T4-3（名/数+了$_2$）、T3-2（动+了$_1$+数量短语+了$_2$）、T3-1（动+了$_1$+宾+了$_2$）句式的使用率都非常低，都低于2%。

学习者Z和母语者使用频率分布的不同点：

1. 学习者T4-1（动+了）、T1-2［动+了$_1$+数量短语+（小句）］句式的使用频率高于母语者。

2. 母语者T2（动+宾+了$_2$）的使用频率比学习者Z高出将近一倍。

3. 学习者Z从来没有使用过T3-1（动+了$_1$+宾+了$_2$），使用频率为零，但是母语者使用了所有的句式。

通过对比学习者Z和母语者的使用频率，笔者有以下几个发现。

第一，学习者T4-1和T1-2句式的使用频率都比母语者高。T4-1的正确使用相对频率是36.33%，T1-2的正确使用相对频率是7.47%，比母语者的使用率都高，说明学习者Z在使用T4-1和T1-2句式的时候，正确率和使用率都是有保证的，学习者Z对于T4-1和T1-2句式的掌握还是非常好的。冯素文（2013）也发现学习者使用T4-1、T1-1和T1-2的频率比母语者高。冯素文认为这是因为T4-1和T1-1句式和英语语际差异较小，动词后面的"了"所表达的语义和英语的过去式和完成时有很大的重叠性，所以学习者比较依赖此类句式。

第二，母语者T2（动+宾+了$_2$）的使用频率比学习者Z高出将近一倍。在汉语中，由动词或小句充当宾语时，谓语动词后一般不能跟"了$_1$"，这个"了$_1$"要移到宾语后，变成"动+宾+了$_2$"式。笔者认为由于语际差异，学习者倾向于使用T1-1、T1-2和T4-1这些和英语用法类似的句式。

四、各个时期"了"的习得情况

表2　学习者Z"了"各时期的纵向变化情况表

	有效用例数量	偏误数量	正确用例数量	正确率	正确使用相对频率
前期	100	17	83	83.00%	14.09%
中期	211	25	186	88.15%	31.58%
后期	278	23	255	91.73%	43.29%
共计	589	65	524	88.96%	

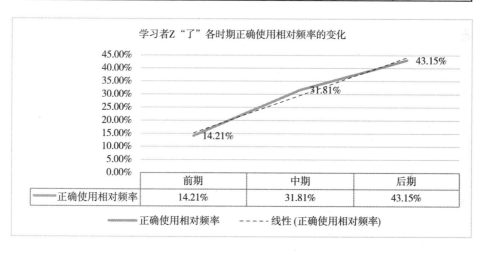

图3　学习者Z"了"的正确使用相对频率纵向变化折线图

　　从图表中可以看出学习者Z"了"的正确使用相对频率每个时期都在上升，虽然在上一章中可以发现各句式的习得趋势在各个阶段都有上升或下降的趋势，但是总体的习得情况还是一直在进步。

4.1 各个时期 "了" 的偏误纵向发展

表3 学习者Z各时期 "了" 的偏误情况统计

	误加	遗漏	误代	错序
前期	8（50.00%）	2（12.5%）	6（37.5%）	0（0.00%）
中期	15（60.00%）	4（16.00%）	4（16.00%）	2（8.00%）
后期	4（18.18%）	11（50.00%）	4（18.18%）	3（31.82%）

从上表可以看出，前期的偏误主要集中在误加，其次是误代；中期 "了" 的偏误还是集中于误加，误代开始减少，遗漏开始增多。后期误加和误代减少，遗漏和错序增多。例如：

（1）*但是英国每天还是有十几个人在路上死了。

（2）*就是希望会给你说，我写de很多东西。

前期大量的误加说明学习者已经开始过度使用 "了"，尤其是 "习惯体" 和 "了₂" 的冲突。一般来说表示 "习惯体" 的 "每天" 和 "了" 不能同现。前期误代全部都是 "的/地/得" 和 "了₁" 的误代。

中期 "了" 的偏误还是集中于误加，与此同时，"误代" 开始减少，"遗漏" 开始增多。例如：

（3）*然后写了到十一点半。

（4）*太热了？嗯……这个是情况改变的吧。

（5）*他们做一个视频会，一个video conference，跟联合国一样，有两个翻译，然后你戴了一个耳机，然后你可以放中文还是英文。

学习者受到了母语负迁移影响，认为已经完成的动作需要在动词后加

"了₁"，然而在此语境下，表示时间的介词"到"和时间的组合已经表达了动作行为持续到什么时间，不再需要"了₁"的出现。"误代"偏误除了"的/地/得"和"了"之间的混淆以外，还出现了一例"是……了"和"的"的误代。学习者Z到了中期开始和更多的相似语法结构纠缠。此外，中期也开始出现"遗漏"偏误。王瑞烽（2014）认为句式成分越复杂，学习者更可能受到认知加工的限制，采用"语法成分省略策略"，笔者认为这可以解释例句（5）的偏误，由于学习者的认知加工空间有限，出现了"顾此失彼"的现象，前半句遗漏"了₁"，后半句误加"了₁"。

李兰霞（2012）认为某种特定的偏误只有到了一定水平之后才开始出现，其实偏误种类的增多不一定代表学习者水平的下降，反而意味着学习者的语言开始更加多样化，这是一种积极的信号，只不过学习者刚刚开始使用，还不能系统、自如地运用。

后期偏误减少，偏误类型发生了转向，"遗漏"偏误占到了一半，而且大部分都是"了₁"的遗漏，"错序"的比例也提高了。例如：

（6）*那我们去之后可以玩儿Borderlands（一款游戏）吧。

（7）*在第二个里，他发现了他的爸爸是那个坏人。

（8）*我开始了做饭。

后期句长得到延展，复句增多。例句（6）并不是条件复句，"去了之后"和"玩儿Borderlands"之间并没有直接的联系，因此也可以选择在Borderlands（一款游戏）之后使用"了₂"。错序全部集中在"了₁"，而且全部是因为"开始"双音节终结性动词和"了₁"的冲突。学习者可能产生了母语负迁移，习惯把时态标志放在谓语动词后。孙德金（1999）也发现了学生很难掌握有规则控制意义的终结动词与"了"的结合规则。

4.2 各时期"了"的动词情状类型发展

表4 各时期"了"的动词使用情况统计表

时期	情状类型	甲级词	乙级词及以上	共计
前期	终结性动词	6例：来； 4例：买，走； 3例：过，花； 1例：忘，告诉，碰，决定，点，死，发现，提高，得，得到，知道，出	1例：消灭，作弊，杀，和谐，解放	25个/27例 （59.52%/35.53%）
	非终结性动词	5例：写； 4例：聊，做； 3例：有，洗，看； 2例：吃；说；穿； 1例：刮，上课，是，玩，想，找，查	4例：弄	17个/39例 （40.48%/64.57%）
	共计	36个/67例 （85.71%/88.16%）	6个/9例 （14.29%/11.84%）	42个/76例 （100.00%/100.00%）
中期	终结性动词	11例：来； 6例：交； 7例：过； 5例：睡觉； 4例：忘，回来，完； 3例：走，发； 2例：换，到，赢，加，见，发现，给，发生； 1例：离开，出，起床，进，低，戴，成，决定，当，输，结束，送，回国，知道，改变	2例：关； 1例：背叛，突，记得，完蛋，自杀	32个/85例 （46.38%/60.28%）
	非终结性动词	6例：看； 5例：读，说，做； 4例：玩，睡； 3例：跑，学，有； 2例：写，等，吃，弄，是； 1例：打扫，着急，拿，笑，拍，上，聊，哭，打，喜欢，散步，跑步	1例：剪，抓，捏，管	36个/56例 （53.62%/39.72%）
	共计	58个/129例 （84.06%/91.49%）	11个/12例 （15.94%/8.51%）	69个/141例 （100.00%/100.00%）

（续表）

时期	情状类型	甲级词	乙级词及以上	共计
后期	终结性动词	9例：来； 6例：完； 5例：发，走，忘，死； 4例：完蛋，出来，发现，买； 3例：睡觉，算了，碰； 2例：回来，出，改，出现，习惯，去； 1例：起床，开，变，发生，换，送，开始，交，联系，高，收，停，解决，成，见，下课，到，睡，买，点，回去，碰	2例：订，退出， 1例：扔，毕业，放屁，推荐，锁，生病，明白，结婚，报警，偷，	53个/111例 （55.21%/54.15%）
	非终结性动词	9例：说； 7例：看； 5例：写，读，弄； 4例：玩，吃； 3例：上，找，有，打，做，拿； 2例：留，恨，学，翻译，喝； 1例：想，爱，听，谈，讲，冻，下，带，回答，是，工作	2例：控制，骗， 1例：害怕，抗议，救，撞，行动，骂，造，修，下载，吓，设计，赚，	43个/94例 （44.79%/45.85%）
	共计	70个/175例 （72.92%/85.37%）	26个/30例 （27.08%/14.63%）	96个/205例 （100.00%/100.00%）

前期的动词情状使用不支持"情状优先假设"，非终结性动词的用例数量远高于非终结性动词，达到了64.57%。说明学习者总体上前期就已经超越了初期学习者动词情状的使用水平。

前期高频动词都是非常简单的甲级词，只有"弄"是例外，但是学习者使用"弄"的时候全部在动词后面加上了结果补语"完"，"语块化"明显。前期的42个动词当中，31个都是单音节动词，只有11个是双音节动词，高频动词无一例外都是单音节动词。

T4-2句式前期只有"太……了""就好了""就可以"，"形+了"中的形容词也只有"难、多、差、热、贵、疯、晕、困"等甲级单音节并带有贬义色彩的形容词。

中期动词的使用反而开始支持"情状优先假设"，终结性动词使用的比例是前期的将近两倍。经过统计发现，其实中期只有T4-1是终结性动词使用居多，再加上T4-1使用基数大，因此中期整体的动词情状类型偏向于终结性动词。

中期高频动词依然都是单音节的甲级词，但是高频动词的范围比前期大，乙级及以上的词范围也变大了，丙级和丁级词在中期也出现了。双音节词也增加了将近一倍，达到了20个，而且不仅仅限于乙级及以上的词，甲级词里的双音节词也增多了。

形容词的等级也有所提升，使用了不在词汇等级大纲里的"靠谱、吓人"，丙级词"烦、对了"，丁级词"开心、孤单"，等等。

后期动词情状类型的使用依然支持"情状优先假设"，同时，非终结性动词的使用比例从中期的39.72%提升到了45.85%，印证了后期的动词情状使用会慢慢像非终结性情状转移的假设。

后期的动词使用范围继续扩大，扩展到了96个，双音节动词扩展到了28个，占到后期所有动词的将近30%。动词等级也在提高，后期乙级以上的动词达到了27.08%，高于前期的15.94%和中期的14.29%。

后期15个形容词和"了$_2$"的结合中，11个都是乙级以上的词，例如"反、丑、吵、孤单、聪明、乖、胖"等等，词性色彩也更加多样化，后期也开始像母语者一样使用中性形容词和褒义形容词，前期还只有贬义词。

4.3 句式复杂度

经过统计，在基本句式的基础上，前期只有14例的动词后使用了结果补语或数量短语，例如：弄完、洗完、聊了一个小时、做了几个模拟考试、说过、找到、吃完，其中大部分都是非终结性动词和结果补语"完"的结合。趋向补语也非常单调，只有非终结性动词和"到"的结合，没有复合式趋向补语，数量短语也都是"一个小时、两百字、一年、五块、一个星期"等表示时间和金钱的简单数量短语，因此句法的复杂度较低，容易使用。T4-2句式的结构前期只有"形+了""太……了""就……了"。

中期,与动词结合的结果补语除了"完",还有"坏、不惯",例如:坏、看不惯;趋向补语还出现了"走",例如:跑走了、抓走了;数量补语中还出现了动量补语"那么多遍"、名量短语"XX圈、XX节、一会儿",句子结构比前期要丰富。中期学习者Z还开始使用"形+死+了""形+多+了"和"更+形+了"。

后期"了"句式中的动补结构数量没有明显地提升,动量补语只有"XX次"出现了两次,开始出现时量短语"一段时间",结果补语"V+好",例如:拿好了、订好了。在"形容词+了"的结合中,后期开始出现"快+形+了",但是语块化明显。后期顺承复句、条件复句的使用都增多了,虽然"了"在复句中的隐显规则学习者Z还没有掌握,但是句式复杂度提升了,学习者Z的语言形式开始更加多样化。

4.4 "了"的纵向发展规律

总体来说,"了"的各句式正确使用相对频率随着时间的推移而提高。但是各个时期偏误类型、谓词使用情况和句式复杂度都不一样。

学习者Z前期"了"的习得特征:

第一,学习者受到了"目的语典型顺序"的限制,主要表现在"了$_2$"泛化严重,"习惯体"和"了"产生冲突,即使句中已经有"每天",学习者依然会在句尾使用"了$_2$"。

第二,学习者使用最典型的结构和短语,有以下几个表现:

(1)动词使用范围较小,都是"买、聊、花、做、弄、看"等词汇等级较低的单音节词。

(2)句式结构简单,没有动量补语;结果补语只有单音节词"完",例如:弄完、做完、写完等等;趋向补语只有"到",没有复合式趋向补语。

(3)套语(formalaic chunks)较多,"语块化"严重。数量短语只有简单的时量短语，例如：几个星期、几个月、几年；T4-2句式中"太+形+了""语块化"严重，语义单一，偏向负面情绪的表达，例如：太困了、太累了、太饿了等等。

第三，"了₁"和其他近似结构的纠缠严重，主要是"了₁"和"的/地/得"之间的纠缠，学习者使用"的/地/得"来代替"了₁"。

中期，学习者的习得特征发生了变化。

第一，偏误类型更加多样化。除了"习惯体"和"了"的冲突，还出现了"再"、趋向补语"到"和"了"的冲突。但是，可以发现学习者Z试图让语言更加多样化。中期的除了"的/地/得"和"了"的纠缠，还出现了"是……的"和"了"的纠缠。

第二，句长开始增长，但是学习者Z受到认知加工能力的限制，导致顾此失彼，"了"的遗漏开始增多。

第三，中期各句式的结构类型得到了充实，谓宾动词开始出现小句宾语，离合词也开始出现。尤其是T4-2，学习者开始摆脱典型句式"太……了"，转而开始在形容词后添加补语，组成"形+死/多+了"等结构，形容词的词汇等级也得到了提升，乙级词、丁级词都开始出现。

后期，学习者的习得特征和中期相比没有很大的变化。

第一，句长增长，条件复句和顺承复句中"了₁"遗漏严重。

第二，学习者依然受到母语的影响。比如"开始、发现"这样的谓宾动词后不应使用"了₁"，应该使用"了₂"，但是学习者依然采用在动词后加"了₁"用来表示"过去和完成"。

第三，后期谓词词汇等级也有所提升，双音节词增多，动词情状开始向非终结性情状转移。T4-2句式中的形容词中，乙级及以上的形容词占到了73.33%，词性色彩也得到了丰富，出现了中性词和褒义词。

由以上可见，学习者Z的习得特征在不同时期有不同的变化。初期学习者受到目的语典型用法的限制较多，语言简单，语义单一；中期学习者开始试图丰富语言结构，句长得到延展，但是偏误也随之增多；后期学习者使用的策略和中期差别不大。这和孙书姿（2004）、李建成（2007）的言语加工策略研究有相似之处，他们发现中级学习者和高级学习者使用的言语加工策略十分接近，总体发展较为缓慢，短时间内没有出现质的飞跃。

五、结论

本文通过对一名英语母语中高级汉语学习者进行了长达一年的口语追踪，从三个时期各句式的习得情况对学习者Z"了"的习得情况做出了全面的纵向分析，并得出了以下结论：

第一，由学习者Z的使用情况得出了各个句式的正确使用相对频率排序：T4-1（动+了$_{1+2}$）>T1-1（动+了$_1$+宾）>T4-2（形+了$_2$）>T2（动+宾+了$_2$）>T1-2（动+了$_1$+数量短语）>T4-3（名+了$_2$）>T3-2（动+了$_1$+数量+了$_2$）>T3-1（动+了$_1$+宾+了$_2$）。但是，笔者认为正确使用相对频率的顺序并不能说明这就是学习者Z"了"各句式的习得顺序，不能单从正确使用相对频率来判断句式的习得难度，同时也需要参考母语者的使用情况，例如T3-1和T3-2句式。

第二，"了"各句式的偏误纵向发展，从前期的误代"了$_1$"、误加"了$_2$"到中期的误加"了$_1$"、遗漏，再到后期的遗漏"了$_1$"和错序。中期之后，偏误类型开始多样化，四种偏误都存在，"误加"的情况也开始多样化，学习者Z试图丰富自己的语言，但是还没完全掌握各种规则，因此中期也是偏误最多的时期。后期，在了解了更多的规则之后，"误加"变少，"遗漏"变多，学习者Z还不了解"了"在复句中的隐现原则。

第三，学习者Z的动词情状类型的纵向发展基本上支持"情状体优先假设"。虽然有的句式一开始就是非终结性动词的使用比例超过了终结性动词，但是所有句式随着时间的推移，非终结性动词的使用比例越来越高。

第四，随着时间的推移，各句式的动词和形容词词汇等级不断提高，乙级及以上的词汇越来越多。形容词的词性色彩种类从单一的贬义词发展到褒义、中性、贬义并存，数量短语类型从简单的名量短语扩充到时量补语和动量补语，句式复杂度一直在提高。

第五，学习者的学习策略随着时间的推移而改变。学习者前期多使用目的语典型句式结构，句型结构简单，语义单一，在泛化过程中一直遵循目的语的基本规则，因而导致"误加"偏误最多。中后期学习者开始试图，使用更多的组合和形式，但是由于认知加工能力的限制，导致"了"的遗漏变多。

参考文献

［1］陈　钊（2006）韩国中小学生母语环境下"了"字习得的中介语分析，中国传媒大学硕士学位论文。

［2］陈楚芬（2002）泰国学生学习现代汉语虚词"了"的探讨，《南京师范大学文学院学报》第2期。

［3］陈　平（1988）论现代汉语时间系统的三元结构，《中国语文》第6期。

［4］陈小红（2007）"了$_1$""了$_2$"语法意义辨疑，《语言教学与研究》第5期。

［5］丁崇明（2012）外国学生"了"习得考察及相关问题研究，《云南师范大学学报（对外汉语教学与研究版）》第4期。

［6］丁雪欢（2006）留学生疑问代词不同句法位的习得顺序考察，《汉语学习》第5期。

［7］冯素文（2013）美国学生汉语助词"了"的习得过程研究，南京大学硕士学位论文。

［8］冯胜利（1996）论汉语的韵律结构及其对句法构造的制约，《语言研究》第1期。

［9］高　蕊（2006）欧美学生汉语体标记"了""着""过"的习得研究，北京语言大学硕士学位论文。

［10］韩　正（2013）美国大学生非目的语环境"了"字结构习得与教学初探，华东师范大学硕士学位论文。

［11］黄瓒辉（2016）"了$_2$"对事件的存在量化及标记事件焦点的功能，《世界汉语教学》第1期。

［12］金宁璐（2014）基于多元发展模型的韩国学生"了"的习得顺序研究，山东师范大学硕士学位论文。

［13］金立鑫（2002）词尾"了"的时体意义及其句法条件，《世界汉语教学》第1期。

［14］李铁根（2002）"了""着""过"与汉语时制的表达，《语言研究》第3期。

［15］李　泉（2007）对外汉语语法教学研究综观，《语言文字应用》第4期。

［16］刘丹青（1993）汉语形态的节律制约——汉语语法的"语音平面"丛论之一，《南京师大学报（社会科学版）》第1期。

［17］卢福波（2002）重新解读汉语助词"了"，《南开语言学刊》第1期。

［18］刘顺、吴新民（2007）论语音对语法的影响与制约，《云南师范大学学报》第1期。

［19］刘勋宁（2002）现代汉语句尾"了"的语法意义及其解说，《世界汉语教学》第3期。

［20］刘月华（1988）几组意义相关的趋向补语语义分析，《语言研究》第1期。

［21］鲁健骥（1984）中介语理论与外国人学习汉语的语音偏误分析，《语言教学与研究》第3期。

［22］鲁健骥（1994）外国人学汉语的语法偏误分析，《语言教学与研究》第1期。

［23］吕文华（2010）"了"的教学三题，《世界汉语教学》第4期。

［24］黎锦熙（1924）《新著国语文法》，长沙：湖南教育出版社2007年再版。

［25］吕叔湘（1980）现代汉语八百词，北京：商务印书馆。

［26］李兰霞（2012）荷兰学习者习得"了"的动态变异考察，北京大学博士学位论文。

［27］彭臻、周小兵（2015）越南留学生汉语体标记"了₁"习得研究——基于情状类型的考察，《广西民族大学学报（哲学社会科学版）》第1期。

［28］施家炜（2002）韩国留学生汉语句式习得的个案研究，《世界汉语教学》第4期。

［29］施家炜（1998）外国留学生22类现代汉语句式的习得顺序研究，《世界汉语教学》第4期。

［30］孙德坤（1993）外国学生现代汉语"了·le"的习得过程初步分析《语言教学与研究》第2期。

［31］孙德金（1999）外国学生汉语体标记"了""着""过"习得情况的考察，世界汉语教学学会，第六届国际汉语教学讨论会论文选。

［32］谭春健（2003）如何体现"变化"——关于句尾"了"理论语法与教学语法的接口，《语言教学与研究》第3期。

［33］王建勤主编（1997）《汉语作为第二语言的习得研究》，北京：北京语言文化大学出版社硕士学位论文。

［34］王锦玉（2005）情状类型和句法结构对日本留学生习得汉语体标记"了"的影响，北京语言大学硕士学位论文。

［35］王永秀（2014）英语为母语学习者习得汉语动态助词"了"的偏误分析，安徽师范大学。

［36］肖治野、沈家煊（2009）"了₂"的行、知、言三域，《中国语文》第6期。

［37］杨素英（2016）"体假设"及"了""着"的二语习得，《世界汉语教学》第1期。

［38］余又兰（1999）汉语"了"的习得及其中介语调查与分析，世界汉语教学学会，第六届国际汉语教学讨论会论文选。

［39］张　黎（2010）现代汉语"了"的语法意义的认知类型学解释，《汉语学习》第6期。

［40］赵立江（1997）留学生"了"的习得过程考察与分析，《语言教学与研究》第2期。

［41］赵世开、沈家煊（1984）汉语"了"字跟英语相应的说法，语言研究第1期。

［42］周小兵、欧阳丹（2014）日本学习者句末助词"了₂"的习得情况考察，《华文教学与研究》第4期。

［43］Clahsen, H. The acquisition of German word order: a test case for cognitive approaches to L2 development in Anderson(ed.). *Second Language: a Crosslinguistic Perspective*. Rowely, Mass.: Newbury House.1984.

［44］Comrie, B. *Aspect*. Cambridge: Cambridge University Press.1976: 25.

［45］Larsen-Freeman, Diane, and Michael H. Long. *An Introduction to Second Language Acquisition Research*. London: Longman, 1991.

［46］Ellis, Rod. *Second Language Acquisition*. Oxford: Oxford University Press, 1997.

［47］Richard E. Robison The Primacy of Aspect. *Studies in Second Language Acquisition* . 1990 (3)

［48］Wen Xiaohong. Second Language Acquisition of Chinese Particle ' le. *International Journal of Applied Linguistics*, 1995, 5(1), 45-62.

基于用法的汉语动宾搭配习得研究

——以"吃+N"的搭配为例

吴　佩

提　要　研究从基于用法（Usage-based）的语言习得理论角度分析了CSL学习者汉语动宾搭配的习得情况。通过母语和学习者语料库的对比分析发现：1. 搭配频率影响习得，学习者使用的高低频搭配与母语者不吻合，低频搭配是发现学习者差异的敏感变量；2. 搭配的范畴影响习得，在一个搭配中，学习者使用最多的是搭配的原型范畴，原型范畴与次范畴的习得存在的问题不同；3. 汉语水平影响学习者动宾搭配习得情况。

关键词　动宾搭配　基于用法　搭配习得　汉语习得

一、引言

搭配知识指词语在使用过程中和能够与其形成一定搭配关系的词语组成的关系体系在学习者心理词典中的存储和表征（邢红兵，2013）。词语搭配并不仅仅是一种语法关系，还涉及语义和语用层面，一个词的意义是由和它一起结伴出现的词语来体现的（Firth: 1957，转引自邢红兵，2013），是词汇知识的一个部分（邢红兵，2013）。母语相关词汇及其使用情况、目的语目标词与其相关词汇的关系、目的语与母语词语等的对应关系、各类词语在目的语的搭配词语及搭配频率等因素都会影响词汇的习得过程（邢红兵，2012）。在外语学习过程中，目的语中的常用词及其主要用法模式和典型搭配的学习是最重要的（Sinclair，1991；邢红兵，2013）。

基于用法（Usage-based）的语言习得观建立在基于用法的语言学理论上，基于用法的语言学理论不是一个单一理论，而指遵循相同理念的多个语言学理论，如认知语言学、构式语法（王初明，2011）。基于用法的理论关注的是"我们是如何在语言使用中进行语言学习的"（Slobin，1997），该理论认为个体创造性地使用语言的能力是基于他们已有的语言使用的记忆及有意义的互动(Bybee，2010；Tomasello，2003；Trousdale & Hoffmann，2013)。基于用法的语言习得认为语言使用的频率(frequency)，包括类型频率（type frequency）和次数频率(token frequency)影响语言习得。基于用法理论下的搭配研究强调搭配的频率、分布（dispersion）、搭配的原型范畴等（Ellis.N.C，2016）。

动词是汉语句子的核心，掌握动词的词汇知识是习得的关键。词汇知识将词汇习得由单纯的词汇意义扩展到词的用法层面，将动词的词汇知识扩展到用法层面，需要动态地考察学习者的语言使用特点，母语者的语言使用特征可以作为参考。为达到这一目的，可以通过母语者和二语者大规模语料库中动词的使用情况进行对比分析。如果将词汇知识看成是一套完整的系统，学习词汇的过程就是词汇系统中词汇知识的建立及词语关系建立的过程（邢红兵，2012）。

已有的动宾搭配研究从动词和宾语的语义角度进行分析，发现语义类型影响动宾搭配习得（肖贤彬、陈梅双，2008；魏红，2009）。在搭配关系所形成聚类关系词语中，每个词语的搭配次数并不相同，搭配频率是二语学习的重要因素。具有相同句法功能或意义的一组词，其搭配词语的数量与频度也有很大差别（邢红兵，2013）。频率效应在语言习得中是非常重要的，辛平（2012）通过大规模语料库考察汉语常用动词组成的动宾搭配情况，发现动宾搭配内部存在着明显的差异，存在着高频搭配及高频宾语。

基于用法的理论的研究认为人类语言现象的分布符合齐波夫定律（Zipf Law）（Ellis, N. C., & O'Donnell, M. B., 2012），在一个语言现象所有组成成分中，20%的成分占据总使用量的80%，高频成分在语言使用具有重要作用。但是汉语研究中搭配的使用频率的差异对二语学习者的习得的研究较少。从语言使用者角度分析，影响动宾搭配的因素除了语义类型，还有其他因素，如母语背景、水平等。基于用法的习得理论既强调学习者已有的语言经验，学习者背景因素，又重视语言使用的频率、分布及原型，有助于发现影响动宾搭配的综合因素。

二、研究设计

2.1　研究问题

鉴于已有研究的局限及动宾搭配在汉语中的重要性，本研究拟解决三个问题：（1）汉语动宾搭配的频率是否影响学习者习得？（2）搭配类型及搭配的原型范畴是否影响学习者习得？（3）以上两个因素对不同母语背景及汉语水平学习者的影响是否相同？

针对上面三个研究问题，本文的研究假设是：（1）动宾搭配的频率会影响汉语学习者的搭配习得；（2）搭配类型及原型范畴对学习者动宾搭配习得也有影响；（3）上面两个因素对不同母语背景及汉语水平的学习者的影响不同。

2.2　研究方法

为了发现汉语学习者动宾搭配动态使用特点，研究对母语和中介语语料库的动宾搭配使用进行分析，以"吃+N"的搭配使用情况为例讨论汉语学习者动宾搭配的习得特点。母语者语料库反映的是目的语的语言使用特点，中介语语料库是二语学习者产出的书面语或者口语语言的集合，是了解二语学习者学习过程和特点的重要途径（邢红兵，2016）。

2.3 语料处理方法

2.3.1 动词选取

穷尽式描述动宾搭配需要考虑到每一类动词，这种做法的缺点一是可操作难度较大，二是增加了影响习得的额外变量，因此需要选取具有代表性的动词进行研究。"吃"的使用情况具有代表性：一是"吃"在学习者及母语者的语料库中都是高频词：在"语料库在线（http://corpus.zhonghuayuwen.org/）"1900万字的现代汉语语料库中，"吃"是使用频率最高的前30个动词之一；在300万字的汉语中介语语料库中，"吃"是使用频率最高的前20个动词之一。二是"吃"是汉语学习者最早学习的动词之一，且在学习者生活中经常使用。三是"吃"的宾语的语义角色丰富，从语义角色分析来看，"吃"的搭配也具有代表性。

2.3.2 目标语料库的建立及处理方法

为了整体系统地发现汉语学习者语料使用的特点并对搭配分布及频率进行统计，我们将目标语料进行提取以后，建立不同母语背景及水平的小语料库，具体步骤如下：

1. 提取北京语言大学现代汉语语料库（荀恩东、饶高琦、肖晓悦、臧娇娇，2016）中汉语母语者前1000个"吃+N"的搭配；穷尽式提取"HSK"动态作文语料库中日韩学习者使用的所有含"吃"的句子。建立不同母语背景及水平的小语料库的具体情况见表1：

2. 按照学习者取得的"HSK"等级证书对学习者的水平进行分组：没有取得证书的学习者是水平1；取得C级证书的学习是水平2；取得B级证书的学习者是水平3。作为标准化考试，HSK等级证书基本代表学习者汉语水平，

"HSK"收集的是中高级学习者作文。本文的水平1指的是中级水平，水平2是较高水平，水平3则是高级水平。

3. 建立子语料库以后，对各个语料库的词语进行切分及频率统计。然后统计出各语料库中所有的"吃+N"的搭配。

研究选取将"HSK动态作文语料库"作为考察对象，一是这个语料库中中高级学习者的语料比较多，便于深入分析；二是这个语料库可以按照作文题目进行排列，便于控制语料的词汇分布。

表1　学习者各子语料库情况

	韩语母语者		日语母语者	
	词数	词种	词数	词种
水平1	253755	2836	77869	1903
水平2	178385	2694	72617	2015
水平3	39306	1292	18411	921

2.4　相关概念及计算方法

高频搭配：指的是在母语者语料库中母语者最常使用的前300个搭配。

相对低频搭配：指的是在母语者语料库中，出现的搭配在提取的前1000个"吃"的搭配中的后500个的搭配。

搭配比例：指的是在学习者语料库中出现的"吃+N"搭配的次数与"吃"的次数的比，计算方法是"搭配1token+搭配2token+……搭配ntoken/吃token"。

搭配分布：指的是单个搭配占总搭配的比例，计算方法是"搭配Atoken/总搭配token"。

三、研究结果

3.1 "吃"的搭配分布对比

首先，将母语者语料库中所有"吃"的搭配进行提取，选取搭配出现次数在18次以上的前1000个搭配，得到具体结果见图1：

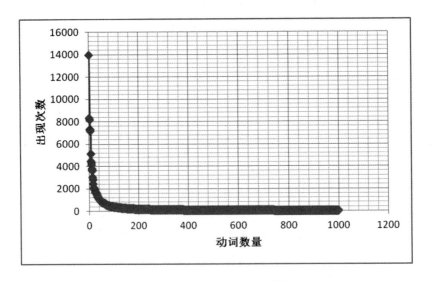

图1　母语者"吃+N"的分布

由上图可知，母语者搭配的使用分布符合Zipf分布定律，最高频搭配是"吃东西（13943次）"，其次是"吃晚饭（8273）""吃早饭（8173）"。此外，将水平1的日、韩学习者使用最多的"吃"的前10个搭配与母语者进行了对比。见表2：

表2　二语者与汉语母语者使用的高频搭配对比

汉语母语者		韩语母语者		日语母语者	
搭配	出现次数	搭配	出现次数	搭配	出现次数
吃东西	13943	吃东西	283	吃东西	64
吃晚饭	8273	吃食品	122	吃化肥	28
吃早餐	8133	吃农产品	66	吃食品	15
吃肉	7297	吃化肥	57	吃人	13
吃火锅	7278	吃人	45	吃菜	13
吃醋	7150	吃菜	42	吃食物	12
吃饺子	5104	吃肉	40	吃鱼	9
吃午饭	4449	吃农药	37	吃肉	8
吃早饭	4316	吃农作物	33	吃农作物	8
吃鱼	2978	吃饭	30	吃农产品	8

可以看出，高频搭配中日语母语者与韩语母语者有相似表现，三者的高频搭配一致。但是高频搭配的成员有所不同，比如汉语的前十个搭配都属于"吃+食物"类型，而二语者的"吃+食物"类型使用不丰富。

3.2　二语者不同频率搭配习得情况

为了发现不同频率特征的搭配的习得情况，对日、韩汉语学习者语料库中出现的所有搭配进行了统计。利用词切分工具进行切词处理，整理出所有与"吃"搭配的名词。然后将这些名词与汉语前1000个搭配的名词进行匹配。将匹配过的搭配与母语者的搭配频率进行对照，最终得出高频搭配与低频搭配的习得情况，具体见图2：

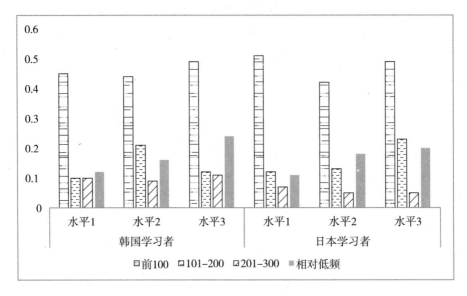

图2 不同搭配频率的习得情况

由上图可知：（1）各个水平高频搭配的习得情况均好于相对低频搭配；（2）水平3学习者的低频搭配习得情况好于水平1和水平2。说明虽然汉语中"吃"的搭配数量多，但是学习者最常使用的仍然是高频搭配，在低频搭配的使用上，水平3（高水平）学习者的使用量要多于其他水平。

3.3 搭配范畴对学习者习得的影响

表2显示了汉语母语和中介语使用的高频搭配情况分布的差异：在前10个高频搭配中，汉语均是"吃+可食用物品"这一搭配，二语者则表现出了不同特点。为了发现具体差异，我们选取"吃+可食用物品"这一搭配范畴的原型范畴"吃+饭"，以及次原型范畴"吃+药"进行了对比分析，具体分析结果见图3-6：

图3 韩语学习者与母语"吃+饭"对比

图4 日语学习者与母语"吃+饭"对比

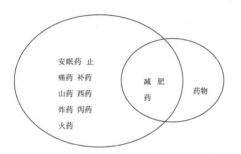

图5 韩语学习者与母语"吃+药"对比

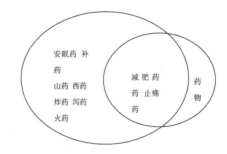

图6 日语学习者与母语"吃+药"对比

由图3、4显示，"吃+可食用东西"的原型类"吃+饭"中，日、韩母语者表现出了同样的趋势："吃+饭"这一搭配范畴的习得要好于其他范畴；此外，日本学习者的搭配比韩国学习者略丰富。二语者"吃+药"这一次范畴的搭配的使用情况不如"吃+饭"，但是由于没有进行显著性分析，这一差别是否显著尚不清楚。"吃+药"的搭配显示出了与"吃+饭"相同的表现：搭配内部原型范畴的使用多于次范畴。

3.4 搭配习得的水平及母语背景差异

3.4.1 相对低频搭配习得的差异

图2已经发现搭配频率对习得的影响，高频的习得效果好于低频。由于采

集的语料库是中高级学习者的语料库，对于中高级学习者来说，高频搭配习得的水平差异较小，低频搭配的习得更能发现水平差异。因此，将低频搭配习得的水平及母语背景差异进行了分析，结果见图7：

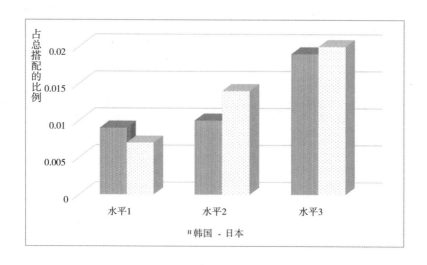

图7　低频搭配习得的水平及母语背景差异

由于学习者的搭配分布是非正态的，无法进行参数检验。为了保证比较的同一性，将每个水平的低频搭配的使用情况进行相同标准的百分数换算，最后对结果进行比较。由图7可知，日本学习者和韩国学习者低频搭配的使用情况存在明显得水平差异；但是母语背景的差异不明显。说明中高级阶段，母语背景对搭配习得的影响不如汉语水平的影响大。

3.4.2　搭配分布的差异

低频搭配的习得情况显示了水平的差异，但是由于未进行显著性检验，只能从描述性的结果进行分析。为了更全面的描写水平及母语背景对学习者的差异，将"吃"的搭配分布进行了统计。搭配分布的计算方式是"搭配Atoken/总搭配token"，依据这个公式将日、韩学习者所使用的每个搭配的分布情况进行统计，最后计算各个水平及母语背景学习者搭配分布的均值。具体结果见图8：

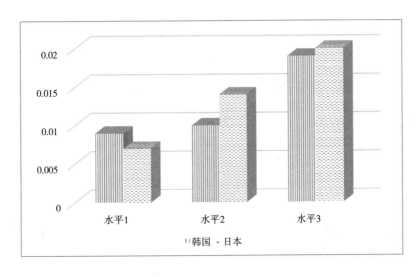

图8 不同背景学习者"吃+N"的搭配分布

由图8可知，搭配的分布存在明显的水平差异。韩国学习者的水平差异显著：水平1和水平2的搭配分布比远小于水平3；水平3的日语学习者搭配分布比率也是三个水平最高的。搭配分布的比率高，说明学习者使用的搭配数量和种类较多。但是母语背景差异方面，上图同样无法做出预测，水平3的韩国学习者和日本学习者没有差异。总的来说，搭配分布显示出与不同频率搭配习得同样的结果，语言水平差异大于母语背景差异。

3.4.3 搭配比例的差异

上述两个方面均发现学习者搭配习得的水平差异，但是母语背景的差异并不清楚。因此，研究从搭配比例的角度对学习者的水平及母语背景差异进行描述。具体结果见图9：

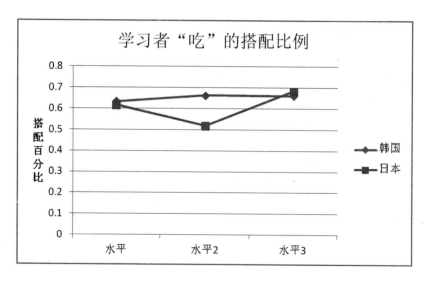

图9 不同背景学习者"吃"的搭配比例差异

从图9可以看出，搭配比例的情况语搭配分布类似，水平差异较明显，母语背景差异不明显。搭配比例指的是学习者所用的"吃"的搭配占语料库中"吃"的搭配的比。搭配比例越高，说明学习者使用的搭配越多。日本学习者和韩国学习者水平3的搭配比例都是最高的，水平1最低。

四、讨论与结论

4.1 基于用法的搭配特征对动宾搭配习得的影响

研究通过于母语语料库的"吃"的搭配的习得情况分析发现：频率影响动宾搭配的习得。首先，语料统计结果发现，学习者使用的搭配中，高频搭配占70%以上。其次，在一个搭配中，学习者使用数量最多的搭配是此搭配的原型范畴，且是原型范畴中频率较高的部分。这一结果验证了研究假设1，即搭配的频率是影响搭配的重要因素。在语言习得中，频率效应存在于词汇、汉字习得，本研究证明了搭配习得中同样存在频率效应。

通过母语和中介语"吃+饭""吃+药"的分析发现，搭配类型影响习得效果。韩国学习者和日本学习者使用最多的"吃+饭"的搭配，是这一搭配的原型成员"早/午/晚"饭，而这一搭配的边缘成员"百家饭"类搭配，在学习者语料库中并未出现。"吃+药"的搭配显示出同样的趋势，值得注意的是，日本、韩国学习者均出现"吃药物"这种母语中不存在的用法，说明这一搭配学习者并未完全习得。"吃+饭"的搭配是"吃+可食用物品"的原型成员，学习者存在搭配使用不足的问题，偏误较少；而"吃+药"这一边缘类型搭配，学习者既存在使用不足的问题，还存在偏误。

4.2 语言水平和母语背景对学习者动宾搭配习得的影响

通过搭配分布、搭配比例、低频搭配的习得情况比较了学习者的母语背景及水平差异。

三者均表现出了学习者的水平差异，但是由于未进行显著性检验，母语背景的差异并不清楚。但是从各个统计数据来看，对于中高级学习者来说，不同类型搭配习得的母语差异并不大。这一结果符合语言习得的一般特征：在语言学习的初级阶段，母语迁移对习得的影响较大。但是中高级学习者的目的语语言输入量较大，学习者的习得差异是由语言知识积累导致的。

需要注意的是，由于样本数据问题，研究的统计结果未进行参数检验。但是为了避免数据偏差，研究在开始收集语料的时候就注重可比性及同一性问题。因此按照母语背景和水平差异，将收集到的语料进行分别切分及分析，选择同样的数据公式进行统计。

4.3 结论

研究以基于用法的习得理论为基础，选取汉语母语者语言使用中的频率、原型范畴及分布指标，以"吃"为例考察了汉语学习者动宾搭配的习得特点。研究发现：（1）频率是影响动宾搭配习得的因素，学习者使用的高频搭配较多，低频搭配是发现学习者语言水平差异的一个较敏感变量；（2）搭配的类型影响搭配习得：二语者使用的最多的是一个搭配类型中的原型成员，学习者原型搭配习得的问题是使用量不足的问题，而次范畴搭配习得存在的问题既有使用量不足，又有偏误。（3）学习者搭配习得的水平差异较明显，母语背景差异不明显。

参考文献

［1］罗思明、马可云（2005）"吃"述宾结构的语义—句法映射模式情景语义学分析，《浙江工商职业技术学院学报》第 4 期。

［2］孟　琼等主编（1984）《动词用法词典》，上海：上海辞书出版社。

［3］王　寅（2001）《语义理论与语言教学》，上海：上海外语教育出版社。

［4］王　寅（2007）汉语"动名构造"与英语"VN 构造"的对比 ———项基于语料库"吃 /eat 构造"的对比研究，《外语教学》第 2 期。

［5］王初明（2011）基于用法的语言习得观，《中国外语》第 5 期。

［6］王占华（2000）吃食堂的认知考察，《语言教学与研究》第 2 期。

［7］魏　红（2009）汉语常用动词带宾语的习得研究，《语言教学与研究》第5期。

［8］肖贤彬、陈梅双（2008）留学生汉语动宾搭配能力的习得，《汉语学报》第1期。

［9］辛平、方菊（2012）动宾搭配内部差异性及分析，《东北师大学报（哲学社会科学版）》第 3 期。

［10］邢红兵（2012）第二语言词汇习得的语料库研究方法，《汉语学习》第2期。

［11］邢红兵（2013）词语搭配知识与二语词汇习得研究，《语言文字应用》第4期。

［12］邢红兵（2016）《汉语作为第二语言的词汇习得研究》，北京：北京大学出版社。

［13］荀恩东、饶高琦、肖晓悦、臧娇娇（2016）大数据背景下BCC语料库的研究，《语料库语言学》第1期。

［14］Bybee, Joan L. 2007. *Frequency of use and the organization of language*. Oxford: Oxford University Press.

［15］Bybee, Joan L. 2010. *Language, usage and cognition*. Cambridge: Cambridge University Press.

［16］Ellis, N. C., & O'Donnell, M. B. 2012 . Statistical construction learning: Does a Zipfian problem space ensure robust language learning? In J. Rebuschat & J. Williams (Eds.), *Statistical learning and language acquisition* (pp. 265–304).

［17］Ellis, Römer, and O'Donnell. 2016. Usage-based Approaches to Language Acquisition. *Language Learning* Suppl., pp. 23–44.

［18］Sinclair, J. 1991. *Corpus,Concordance and Collocation*. Oxford: Oxford University Press.

［19］Tomasello, Michael 2003. *Constructing a language: A usage-based theory of language acquisition*. Cambridge, Mass: Harvard University Press.

［20］Trousdale, G., & Hoffmann, T. (Eds.). 2013. *Oxford handbook of construction grammar*. Oxford, UK: Oxford University Press.

基于语料库的"挂"类动词习得研究

杨彩影　石高峰

提　要　本文基于联结主义和中介语对比分析理论，采用语料库知识提取的方法，以"挂"类动词作为研究对象，考察留学生对于该类动词表达模式的习得过程，分析不同水平的汉语学习者对同一语法范畴内不同表达模式的习得差异，探究该类动词在心理词典中模型构建过程，并对"挂"类动词的教学提出针对性的建议。

关键词　语料库　"挂"类动词　词汇习得

一、引言

"挂"类动词是汉语中较为特殊的一类动词，其具备"动作"和"状态"两种语义特征。以往关于该类动词的研究主要集中在语法现象的描写，表示情状的句法语义制约机制及"挂"的词义发展演变等方面。

关于"挂"类动词情状特征的研究主要见于朱德熙（1978）、陆俭明（1991）的研究，朱德熙提出"附着动词"这一说法，认为"挂"类动词含有"附着"的语义特征，构句时要求处所成分与之同现。李杰（2003）指出"挂"类动词的语义特征为［＋置放］，应从语义、语法和语用三个层面考察"挂"类动词的语义特征蕴涵静态义的原因，并总结了"挂"表静态义的三种句式。马庆株（1981）对动词进行了层级分类，共分为四层，其中"挂"属于弱持续动词中的一类，共40个：挂、摆、搁、插、贴、盛、装、腌、铺、锁、开、关、包、捆、绑、填、种、栽、塞、挤、踩、拿、穿、戴、披、梳、扎、系 ji、烫（发）、镶（牙）、写、印、叠、点（炉子）、缝、存、支（支上一根木头）、租、借、赁，它们既能表示动作本身的持续，又能表示动作和行为造成的状态的持续。刘宁生（1985）把动词和"着"分为两类，称为"V_1着$_1$"和"V_2着$_2$"，其中"V_2着$_2$"中的"V_2"就是我们所说的"挂"类词，表示动作完成后状态的持续，他认为"着"和"了"可以互换，但是仍旧表示相同的意义，是因为他们的差别在存现句中得到了中和。

郭锐（1993）分析了汉语动词的过程结构，认为整个动词系统是一个以动作为中心向状态和变化过渡的连续统，可分为起点、续段和终点三个部分，认为最典型的过程结构是动作、状态和变化。基于《动词用法词典》总结归纳了"挂"类动词的范围，包括：摆、绑、包、踩、藏、插、缠、盛、穿、存、戴、垫、堵、堆、放、盖、搁、挂、关、裹、混、记、夹、举、卷、开、扣、捆、晾、埋、埋葬、拿、捏、泡、铺、拴、松、锁、套、停、弯、压、腌、掩盖、咬、隐藏、长、抓、装，共49个词。杨素英等（2009）认为郭锐的分类需要进一步完善，他们采用语义与形式标准相结合的方式，依据［+动态］［+持续］［+终点］三个特征，基于基本语义对动词进行了分类，提出了动词动态性的判断标准，并将动词进一步分为"弱动态"和"强动态"两种，将"挂"归到指向结果类，具有［+动态，+持续，+终点］的语义特征。帅志嵩（2016）基于《王朔自选集》里的真实语料，根据"挂"类动词出现的实施性强弱的不同，刻画出"挂"类动词存在典型和非典型之分，典型的"挂"类动词表现出强烈的动性倾向。认为"挂"类动词的不同语义是体标记对其阶段性的选择造成的。总结出了"挂"类动词的概念意义的阶段性特征。但是，本文基于语料库的统计分析与其得出了不同的结论。

可见，对于"挂"类动词的情状特征研究一直受到学界的关注，从最初的"静态义"发展到"置放义"，再到后来把"挂"类动词的动作过程特征归纳为的"动态""持续""终点"三个阶段，把"挂"类动词的过程结构分为"动态结构"，"瞬时变化的点状结构"和"静态结构"。随着研究的不断深入，前人对"挂"类动词的范围进行了总结，并处在一个不断完善的过程之中。也有学者对"静态义"产生的条件进行了分析，但是分析还不够深入。但是，这些研究无疑有助于我们对"挂"类动词的情状特征有了更加深入的理解，有助于我们进一步抓住"挂"类动词的本质特点，进而为我们研究"挂"类动词的习得过程提供条件。

吴为章（1982）、袁毓林（1998）、戴娇龙（2011）、李丹（2014）、郭小莹（2014）等对"挂"类动词语义角色及语义发展进行了研究。他们根据"挂"类动词的语义角色对"挂"进行分类，并对其语义及语义变化发展的原因进行了归纳总结。

本人认为通过分析"挂"类动词的语义角色有助于我们进一步对其语义特征的本质进行了解，但此类研究还很薄弱，并且结论很抽象，对教学方面的应用价值有待进一步研究。

前人的研究主要采用举例说明，基于大规模语料的分析较少。从动态表达和状态表达两种使用模式的角度出发，运用语料库的统计分析方法，进一步梳理量化该类动词内部的表达模式，基于使用的研究思路也为教学语法的研究开拓了视角。

邢红兵（2009）基于联结主义理论提出第二语言词汇知识应该包括读音、词形、意义三部分及其相互联结，意义知识包括静态知识、动态知识和词语关系，获取词汇使用中的动态词汇信息，建立词语之间的关系是二语词汇习得的关键（邢红兵，2012）。邢红兵（2009）基于联结主义理论提出了词汇知识习得的过程的三个阶段：（1）静态词义的转换学习。（2）动态词汇知识的纠正学习。（3）第二语言词汇知识自主表征阶段。可见，词汇知识中词语的意义和用法是二语词汇的习得核心。

随着语料库语言学的兴起和语料库资源的开发，在第二语言习得研究中越来越注重通过语料库的方法进行研究。近些年来，中介语对比分析方法在第二语言词汇习得中越来越受到研究者的关注，如：蔡北国（2008、2010）李芬芬（2008）张金竹（2009）曾颖（2015）等。

本文基于联结主义的习得理论，强调语言知识浮现特征，运用中介语对比分析的方法，考察留学生对"挂"类动词的表达模式的习得过程，探究留学生对两种表达模式的选择意识。这一尝试无疑有助于深化语法范畴的习得研究，也是语法习得模式的探索。

二、研究方法

本研究利用语料库中的真实语料和其统计属性，采用中介语对比分析方法分别从现代汉语语料库和中介语语料库中提取"挂"类动词的语料进行分析。本文的现代汉语语料来自国家语委现代汉语语料库，语料规模达到1亿字符，其中有5000万标注语料，通过检索"挂/v"，可以检索"挂"为动词的所有语料。建立汉语"挂"类动词语料库，对动态和状态表达进行标注。本文的中介语语料来自北京语言大学"中介语语料库系统"和"HSK动态作文语料库"，通过关键词检索，并按照水平进行排序，水平分类参照徐秋叶（2014）将两年以下的语料归为初级（不包括两年），两年到三年归为中级（不包括三年），三年及以上归为高级；此外，将"HSK语料库"中的语料按有无证书进行分类，无证书语料归为中级，有证书语料归为高级，构建中介语"挂"类动词语料库。

三、汉语中"挂"类动词对比分析

为了分析"挂"类动词中各动词的情状差异，我们参照马庆株（1981）和郭锐（1993）对"挂"类动词的分类，结合动词的使用频率，抽取了10个动词作为研究对象，分别为"挂、摆、包、藏、踩、插、存、扣、绑、缠"，统计各动词的动态表达和状态表达分布。本文将国家语委语料库中10个动词的语料进行穷尽式分析，在分析时只考虑表"放置"义单独使用的语料，不考虑义项和构词的情况。比如，"挂"的语料中剔除了包含"挂电话、挂图、挂彩、挂挡"的语料。

表1 "挂"类动词的表达分布表

动词	状态		动作	
	数量	比例（%）	数量	比例（%）
挂	418	83.8	81	16.2
摆	499	61.9	306	38.1
包	266	58.6	188	41.4
藏	328	64.3	182	37.7
踩	111	48.6	117	51.4
缠	69	48.2	74	51.8
插	272	66.9	134	33.1
存	168	57.9	122	42.1
扣	18	8	206	92
放	280	28	720	72

我们统计了10个"挂"类动词的"静态义"和"动态义"在目的语语料库中的使用比例（见表1），我们可以看出在目的语语料库中状态和动作的比例在同一个动词的内部所占的比例不同，有的动词倾向于表达其中一种功能，如："挂"倾向于表达"静态"功能，而"扣"倾向于表达"动态"功能，有的动词内部的两种功能分布比较均衡，如："踩"和"缠"。另外，不同动词之间的"静态义"和"动态义"的使用情况也存在区别。可见，"挂"类动词中存在表达倾向的差异。

表2 三种类型"挂"类动词功能分布表

类型	动词	动作比例（%）	状态比例（%）
强动作	扣	92	8
	放	72	28

（续表）

类型	动词	动作比例（%）	状态比例（%）
强状态	挂	16.2	83.8
	藏	37.7	64.3
	插	33.1	66.9
	摆	38.1	61.9
动作状态	包	41.4	58.6
	踩	51.4	48.6
	缠	51.8	48.2
	存	42.1	57.9

　　根据"挂"类动词内部各动词的意义功能分布，以60%和40%两个数值点作为分类标准，我们将其分为三大类，动作比例大于60%的定义为"强动作型"动词，包括扣、放，状态比例大于60%的定为"强状态型"动词，包括挂、藏、插、摆，40%到60%之间的定为"动作状态型"动词，包括包、踩、缠、存。可见，"挂"类动词内部各动词的功能使用存在差异，并形成不同的聚类。

四、"挂"类动词的习得过程

表3　中介语"挂"类动词表达功能分布表

动词	状态		动作	
	数量	比例（%）	数量	比例（%）
挂	42	82.35	9	17.65
摆	38	42.70	51	57.30
包	2	5.88	32	94.12
藏	21	77.78	6	22.22
踩	2	22.22	7	77.78
缠	7	87.50	1	12.50
插	9	56.25	7	43.75

（续表）

动词	状态		动作	
	数量	比例（%）	数量	比例（%）
存	21	51.22	20	48.78
扣	0	0	4	100
放	62	28.70	154	71.30

  我们统计了10个"挂"类动词的"静态义"和"动态义"在中介语语料库中的使用比例（见表3），其和汉语语料库中的使用情况存在相似的分布特征，在中介语语料库中状态和动作的比例在同一个动词的内部所占的比例也不同，有的动词倾向于表达其中一种功能，如："挂""藏""缠"倾向于表达"静态"功能，而"包""踩""扣"倾向于表达"动态"功能，同样，有的动词内部的两种功能分布比较均衡，如："摆""插""存"。另外，在中介语语料库中不同动词之间的"静态义"和"动态义"的使用情况也存在区别。并且区别明显大于它们在汉语语料库中的区别。

表4 汉语和中介语中"挂"类动词意义功能分布对比

动词	汉语状态（%）	中介语状态（%）	汉语动作（%）	中介语动作（%）
挂	83.8	82.35	16.2	17.65
摆	61.9	42.70	38.1	57.30
包	58.6	5.88	41.4	94.12
藏	64.3	77.78	37.7	22.22
踩	48.6	22.22	51.4	77.78
缠	48.2	87.50	51.8	12.50
插	66.9	56.25	33.1	43.75
存	57.9	51.22	42.1	48.78
扣	8	0	92	100
放	28	28.70	72	71.30

  我们分析了"挂"类动词中各动词的动态功能在目的语和"中介语"语料库中的分布特征，这里我们将每个动词动态功能使用频率进行对比，发现

"挂""存""扣""放"四个动词的使用频率差异很小，甚至基本趋于一致，如"挂"在汉语语料库中的动态功能使用频率为16.2%，在中介语语料库中的使用频率为17.65%。差异相对较小的动词为"藏""摆"和"插"，"包""踩"和"缠"的频度差异最大，其中"包"的频率差异在所有动词中最大，在汉语语料库中表动作用法比例为41.4%，而在中介语语料库中的比例为94.12%。综上可见，在两个语料库中"挂"类动词的动态功能使用频率既存在一致性又存在差异性。

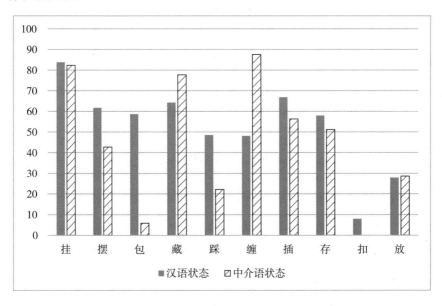

图5 汉语和中介语中"挂"类动词状态功能分布对比

同样，我们分析了"挂"类动词中各动词的状态功能在目的语和"中介语"语料库中的分布特征，这里我们将每个动词静态功能的使用频率进行对比，发现"挂""存""放"三个动词的使用频度一致性最强，尤其是"放"在两个语料库中的使用频度基本一致，分别为28%和28.7%。值得引起注意的是，"扣"的状态义在中介语语料库中并没有出现，"包"在汉语语料库中的使用频率为58.6%，而在中介语语料库中的使用频率仅为5.88%。可见，对于"状态义"的使用频率在两个语料库中虽然存在一致性较大的动词，但是，某些动词的使用频率差异性较大。

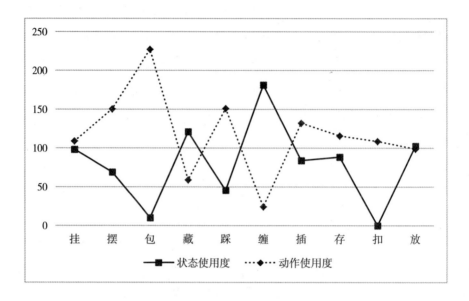

图6 留学生"挂"类动词的功能使用度分布

观察上面的折线图，从整体上来看，我们发现留学生对于"动作义"的使用度相对于"状态义"的使用度来讲相对接近于母语者的水平，相反，留学生对于"状态义"的使用度和母语者的差异相对较大，说明，整体上留学生对于"挂"类动词的"状态义"功能的习得要差于"静态义"功能的习得中的"动作义"。从局部上来看，"状态义"存在使用不足的情况的动词有"摆""包""踩""插""存""扣"，其中，"扣"的使用不足的现象最严重，"包"和"踩"次之。"状态义"存在过度使用的动词有"藏""缠"，其中"缠"过度使用的现象最严重。我们再来看"动作义"的使用度差异，对于"动作义"的使用存在过度使用现象的动词有"摆""包""踩""插""存"，其中"包"和"踩"过度使用的现象比较严重，对"动作义"使用不足的动词有"藏"和"缠"，其中"缠"使用不足的现象比较严重。"挂""放"两个动词的使用度差异基本上不存在，说明，留学生对于这两个词的习得最好。

表5 三种类型在两种语料库中的动态功能分布

类型	动词	汉语		中介语	
		动作比例（%）	状态比例（%）	动作比例（%）	状态比例（%）
强动作	扣	92	8	100.00	0.00
	放	72	28	71.30	28.70
强状态	挂	16.2	83.8	17.65	82.35
	藏	37.7	64.3	22.22	77.78
	插	33.1	66.9	43.75	56.25
	摆	38.1	61.9	57.30	42.70
动作状态	包	41.4	58.6	94.12	5.88
	踩	51.4	48.6	77.78	22.22
	缠	51.8	48.2	12.50	87.50
	存	42.1	57.9	48.78	51.22

从上表可以看出，"放""挂"和"存"三个动词，不论是"静态义"功能还是"动态义"功能，在两个语料库中的使用差异很小，说明留学生对这三个动词的意义功能习得很好，而"藏""插""包"的意义功能整体上习得较差。

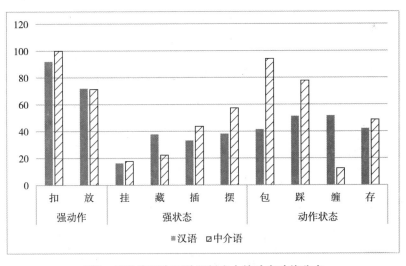

图8 三种类型在两种语料库中的动态功能分布

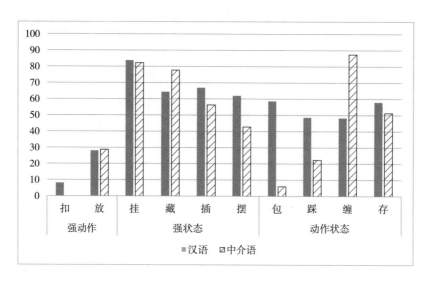

图9 三种类型在两种语料库中的静态功能分布

下面我们从三种类型的角度对留学生的"挂"类动词的"动态功能"的习得进行考察，我们发现，"强动作"型动词在留学生的心理词典中的聚类和母语者的聚类基本一致，"强状态"型动词在留学生和母语者的心理词典中的聚类差异性较大，"动作状态"型动词的差异性最大，在留学生的心理词典中"包"和"踩"属于"强动作"型动词，"缠"属于"强状态"型动词。同样，我们从三种类型的角度对留学生的"挂"类动词的"静态功能"的习得进行考察，可得出与以上对"动态功能"分析相同的结论，依旧是"动作状态"型的聚类差异性较大，"强动作"型的聚类差异最小，"强状态"型居中。

五、讨论

从上述语料统计的结果，我们可以清晰地看出，从整体上来看，留学生对于"挂"类动词的语义功能的习得存在较大的问题，留学生对于"动态义"功能的习得好于对"静态义"功能的习得。从三种分类的角度来看，"强动态"

型的动词的聚类与母语者一致性较高，"强状态"型动词和"动作状态"型动词的聚类与母语者的差异较大，这说明在留学生习得的过程中，"挂"类动词的重要特征并没有浮现出来，只是把这类动词当作普通的动词来使用。

汉语作为第二语言词汇知识的构建是一个从简单化到系统化的过程，是从静态知识到动态知识并获得各种词语关系的转变过程。"挂"类动词的本质特点在于其不仅具备表示动作的功能，还可以表示动作结束之后由动作引起的静止状态的持续。因此，可以说该类动词的使用主要集中在其动态表达和静态表达两种使用模式上。动词的使用模式是词汇动态知识的重要组成部分，也是留学生词汇习得的关键。在教学中我们应当根据这类动词的分类强调其意义功能的使用。

六、结论

本文统计了汉语语料库中该类动词的两种表达模式的分布情况，根据"挂"类动词中各动词的两种表达模式的比例，分为强动态型动词、强状态型动词和动作状态型动词。基于上述统计结果，运用中介语对比分析方法，结合第二语言习得的相关理论，从使用率和使用度两个角度考察不同汉语水平的留学生对"挂"类动词两种表达的使用情况，重点讨论习得中的特点及差异。发现"动态义"功能和"静态义"功能的习得存在差异，对三类动词的聚类与母语者也存在较大的差异。本文还需要从习得过程的角度探究不同水平的汉语学习者对"挂"类动词的习得特点。

参考文献

［1］蔡北国（2008）留学生汉语中介语易混动作动词研究，中国人民大学硕士学位论文。

［2］蔡北国（2010）中介语动作动词混用的调查与分析，《世界汉语教学》第3期。

［3］曾　颖（2015）汉语二语学习者复句习得的中介对比分析，北京语言大学硕士学位论文。

［4］戴娇龙（2011）汉语动词"挂"的语义角色分析，湖南师范大学硕士学位论文。

［5］郭　锐（1993）汉语动词的过程结构，《中国语文》第4期。

［6］郭小莹（2014）浅议"挂"的词义发展，《现代语文》(语言研究版)第2期。

［7］李　丹（2014）手部动词表心理义的研究，江西师范大学硕士学位论文。

［8］李芬芬（2008）留学生甲级形容词句法功能的统计分析，北京语言大学硕士学位论文。

［9］李　杰（2003）试析"挂"类动词静态化的条件，《语言研究》第3期。

［10］刘宁生（1985）论"着"及其相关的两个动态范畴，《语言研究》第2期。

［11］陆俭明（1991）语义特征分析在汉语语法研究中的运用，《汉语学习》第1期。

［12］马庆株（1981）时量宾语和动词的类，《中国语文》第2期。

［13］帅志嵩（2016）"挂"类动词阶段性特征初探，《语言教学与研究》第3期。

［14］吴为章（1982）单向动词及其句型，《中国语文》第5期。

［15］邢红兵（2009）基于联结语义理论的第二语言词汇习得研究框架，《语言教学与研究》第5期。

［16］邢红兵（2012）第二语言词汇习得的语料库研究方法，《汉语学习》第2期。

［17］徐秋叶（2015）汉英"看"类动词范畴对比分析与留学生习得考察，北京语言大学硕士学位论文。

［18］杨素英等（2009）动词情状分类及分类中的问题，《语言学论丛》第39辑。

［19］袁毓林（1998）《汉语动词的配价研究》，江西：江西教育出版社。

［20］张金竹（2009）同语义类状位形容词和动词的语义搭配及习得考察，北京语言大学硕士学位论文。

［21］朱德熙（1978）"的"字结构和判断句，《中国语文》第1期。

文学与文化研究

贫病老丑背后的赤子之心

何阿珺

提　要　"诗史"与"诗圣"是人们给予杜甫的赞美，"忧国忧民"是人们心中杜甫的形象，而"贫病老丑"是杜甫的自画像，但是在这些词语的背后，却有一个更加有血有肉的杜甫，这个杜甫内心细腻，情感丰富，与朋友交则可终其一生思念，为人谋则忠其事，对自己的妻子充满柔情，对孩子满是慈祥，这正是本文想要叙说的杜甫。

关键词　诗史　诗圣　贫病老丑　赤子之心　情圣

说到唐代诗人杜甫，有两个词是大家普遍认同的，一是"诗史"，认为杜甫以诗人之笔直陈事实，描写了唐朝开元、天宝，一直到大历的社会现实，见证了大唐帝国几十年的风云变幻，代表作有《三吏》《三别》《兵车行》《丽人行》等；第二个词是"贫病老丑"，如杜甫研究专家裴斐先生在其《贫病老丑话杜甫》一文中谈道："多年来读杜诗总有个强烈的印象，那就是诗不离贫、病、老、丑。"[①]杜诗中关于"贫病老丑"的描写比比皆是，如在长安十年间写的干谒诗，"朝扣富儿门，暮随肥马尘。残杯与冷炙，处处潜悲辛"（《奉赠韦左丞丈二十二韵》），何其的穷困潦倒，那时的杜甫只有三十多岁；而到了四十岁时，杜甫便开始自称"野老"："长安苦寒谁独悲，杜陵野老骨欲折"（《投简咸华两县诸子》）；入蜀以后的诗篇中，头白、眼拙、耳聋，腿脚不便等等，更是常出现在他的诗句中。然而，这是一个真正的杜甫吗？非也。读

---

① 裴斐：《诗缘情辩——贫病老丑话杜甫》，四川，四川文艺出版社，1986年版，第199页。

杜诗，在忧国忧民的形象之下，在贫病老丑的自嘲之外，细读杜诗，我们会发现一个内心细腻、情感丰富的诗人形象，一个具有赤子之心的诗人，对待朋友真挚友好，对待家人关怀备至，对待自己的公职尽职尽责，对待自己的皇帝忠诚感恩。这似乎不像是一个贫病老丑的人该有的姿态。然而，其实，这之间是存在必然的联系的。试想，一个只会放眼高处、对全天下的人都悲悯却看不见自己的朋友、家人的人，又何谈真情义、大情怀？而一个对自己的公职漠不关心的人，又怎能真正关心国家的兴亡？本文就试图从杜甫和李白的友情、杜甫的忠君形象以及杜甫的言家事诗中感受一个具有赤子之心的杜甫。

一、醉眠秋共被，携手日同行——杜甫与李白一生的友谊

李白和杜甫是中国古代最为著名的诗人，他们生活在同一个时代，李白长杜甫十三岁。李白当时已有很大的名气，皇宫内道士司马子微一见他，就赞叹："有仙风道骨，可与神游八极之表。"诗人贺知章见到他，惊呼其为"天上谪仙人"，并对他的诗作大加赞赏。当时的玄宗皇帝也极其欣赏李白的诗才，让其供职翰林。而杜甫一直籍籍无名，后半生甚至贫困潦倒，直到宋代，诗名才得到了很高的认同。当人们翻阅李杜诗集，发现二人竟曾于唐天宝三载春夏之际相见并相偕游历过洛阳等地时，内心的震撼是巨大的，正如闻一多先生在谈到李杜相见的情景时所言："写到这里，我们该当品三通画角，发三通摇鼓，然后提起笔来蘸饱了金墨，大书而特书。因为我们四千年的历史里，除了孔子见老子（假如他们是见过面的），没有比这两人的会面，更重大、更神圣、更可纪念的。"[①]闻一多先生认为，李杜的见面，与孔子与老子的会面一样具有重大的历史意义，甚至用日与月相会的祥瑞来比拟也毫不过分。

---

① 闻一多：《唐诗杂论——杜甫》，北京，中华书局，2009 年版，第 139 页。

李杜相见后，遂相从如兄弟。这是怎样一场历史的会面，这两位光耀千古的诗人见面时的情形是怎样的？关于这一切，都不会有历史记载，我们只可从李白与杜甫留存的诗中了解一二，但是让人感动的是，从此以后，杜甫终其一生都不能忘记与李白的友谊，在他的十多首诗中都表达了对李白的思念、担忧，以及对李白的赞美、仰慕之情。曹丕在《典论·论文》里曾说："文人相轻，自古而然"，历史上"文人相轻"的情况也是普遍存在的，但是，当两位伟大的诗人相见后，却没有出现这样的情景，相反，杜甫从内心发出对李白的赞叹，一生都在挂念着这位年长自己十余岁的兄长。杜甫与李白共有三次相见的记录，杜甫都写有诗作。开始时，杜甫只是对李白身上独有的仙风道骨很是仰慕。如杜甫赠予李白的第一首诗《赠李白》：

> 二年客东都，所历厌机巧。
> 野人对腥膻，蔬食常不饱。
> 岂无青精饭，使我颜色好。
> 苦乏大药资，山林迹如扫。
> 李侯金闺彦，脱身事幽讨。
> 亦有梁宋游，方期拾瑶草。

这首诗的开始，杜甫更多在陈述自己的事情，说李白的很少，而这却是杜甫的一个小心机，正如浦起龙在《读杜心解》中对这首诗的解读："公述其语为赠，则李是主，身是宾也。今乃先云自厌'腥膻'，将脱迹神仙，而后言李亦有'脱身幽讨'之志。自叙反详，叙李反略。则似翻宾做主，翻主做宾矣。不知其自叙处多用'青精'、'大药'等语，正为太白做引。落到李侯，只消一两言双绾。而上八句之烟云，都成后四句之烘托。"[①]之所以拿出这首诗做详细解读，是想说明，杜甫对李白的仰慕，开始还只是李白身上的道家风

---

① 浦起龙：《读杜心解》，北京，中华书局，1961 年版，第 3 页。

骨，而我们知道，杜甫的家学是地地道道的儒家一派。政事、武功、学术照耀一生的晋代儒将杜预是他的十三世祖；宣言"吾文章当得屈宋作衙官，吾笔当得王羲之北面"的著名诗人杜审言是他的祖父，也是唐朝著名的"文章四友"之一；他的父亲杜闲曾任兖州司马，而且，无论是他的父系一族还是母系一族，都出过很多感天动地的孝子、孝女故事。事业、文章、孝行、友爱，立德、立功、立言是整个家族坚守的传承。耳濡目染的家学传统，塑造了一个具有"致君尧舜上，再使风俗淳"的远大抱负的杜甫。然而，跟李白相见时，李白身上独特的道家的"仙气"吸引了杜甫。

第二次见面是在齐鲁，二人相携寻访道家高师，终于实现了第一首《赠李白》里的"拾瑶草"的愿望。杜甫写下了《与李十二白同寻范十隐居》的诗篇来纪念这次见面，"醉眠秋共被，携手日同行"记录了他们亲如弟兄的友谊，也对李白的诗名略有提及，说李白"李侯有佳句，往往似阴铿"。当第三次和李白见面时，杜甫还是被李白的仙风道骨所吸引，他的另一首《赠李白》记录了他们第三次相见的情景，其中又谈到"丹砂""葛洪"等。从此后，二人再也没能见面。

一儒一道，本该是"道不同不相为谋"，但是，也许正是两人身上各自具有的独特气质吸引了对方，从此后，杜甫对李白的思念一直在，春也想念（《春日忆李白》，746年），冬也想念（《冬日有怀李白》，745年）；梦中（《梦李白》二首 乾元二年，753年）醉里（《饮中八仙歌》，天宝中），都会不由自主地想起李白，想起他的风骨他的文字。"何时一樽酒，重与细论文？"（《春日忆李白》）写出了多少期盼；"未因乘兴去，空有鹿门期"（《冬日有怀李白》），又表达了多少遗憾和惆怅，字字深情，句句含泪，念友若此，不可谓情义不真。

天宝十五年（756年），"安史之乱"爆发，李白为济世平乱，入永王幕府，肃宗以平乱名义剿灭了永王势力，李白受到株连，被囚浔阳狱。至德三年（758年），李白流放夜郎，第二年（759年）这个消息传到了身在秦州的杜甫耳朵里，杜甫焦急万分，于是写下了《寄李十二白二十韵》。诗中备述李白一生的辉煌、荣耀与艰辛、磨难，王嗣奭在《杜臆》中说："此诗分明为李白作传，其生平履历备矣。"其中"笔落惊风雨，诗成泣鬼神"被认为是评价李白最确切的诗句。前面我们说过，杜甫李白开始交往时，吸引杜甫的更多的是李白身上的道家风骨，但这一次，杜甫用充满感情的笔触，回忆了李白的一生，表达出对李白境遇的担心，也对这样一个具有如此才华的诗人受到的不公正对待而感到愤愤不平。

杜甫其实不是一个很轻易就被别人折服的人，他从小便心高气傲，不肯趋承人。在其回顾自己一生的《壮游》一诗中，我们看到的是一个聪明早慧、志趣高远的杜甫，"七龄思即壮，开口咏凤凰。九龄书大字，有作成一囊"，"斯文崔魏徒，以我似班扬"，而性格则是"性豪业嗜酒，嫉恶怀刚肠。脱略小时辈，结交皆老苍"。正因为有这样的才华气度，所以，"饮酣视八极，俗物都茫茫"。那样高的才华气度，环顾四野，何人可以入得了他的眼？然而，他遇到了李白，趣味相投，惺惺相惜，所有的恃才傲物，在李白这里都变成了崇拜和仰慕。这样的仰慕绝不是低俗的"蹭热度"（虽然李白的确是名气很大），而是发自内心的真挚情感，无论是李白发达也好、落难也好，也无论杜甫身在何地，境遇怎样，哪怕贫病老丑，当四季交替、斗转星移，都会在心里挂念这个一生的挚友，这种情感与国无关，与史无关，只关乎情。甚至，有时候，杜甫的诗风也有了李白的味道，比如这首著名的《天末怀李白》（乾元二年）：

> 凉风起天末，君子意如何。
>
> 鸿雁几时到，江湖秋水多。
>
> 文章憎命达，魑魅喜人过。
>
> 应共冤魂语，投诗赠汨罗。

浦起龙《读杜心解》论及此诗，颇多感慨："太白仙才，公诗起四句，亦便有仙气，竟似太白语。"①对一个人最好的想念，就是某些时候活成了他的样子，在人类的历史上这样的友情也是极其难得的。

二、明朝有封事，数问夜如何——杜甫的赤子之心

前一节说过，杜甫不论从家世还是个人志向上来说，都是儒家一派的，"奉儒守官"（杜甫《进雕赋表》）也是杜甫一直想要努力的方向。然而，命运却总是喜欢捉弄人，据《杜诗详注》记载，这位"气劘屈贾垒，目短曹刘墙"（《壮游》）的奋发少年，在开元二十三年（735年）第一次参加考试，竟然失败了。"杜甫自吴越归，赴京兆贡举，不第。"②恃才傲物的杜甫对此次考场失利却不以为然，杜甫《壮游》中写道："忤下考功第，独辞京尹堂。放荡齐赵间，裘马颇清狂。"到了天宝五载，杜甫前往长安，准备参加第二年的考试。第二次考试是天子自诏之制举，不定期举行。但奸相李林甫以"野无遗贤"欺骗皇帝，结果参加考试者无一人中第。杜甫的梦想破灭，加之父亲去世，生活的压力也大了起来。然而，唐代有"三十老明经，五十少进士"之说，意思是三十岁考明经已经很老了，而五十岁考中进士还很年轻。可见，在唐代考进士是没那么容易的。况且科举取士并非全凭才能决定，考试中的黑幕、暗箱操作，重重的艰难，让一个没有关系、没有财力的青年很难通过正规的科举考试走上仕途，杜甫对此也应该是心知肚明的，于是他走上了十年的漫漫干谒之路，并写了大量干谒诗，其中不乏优秀之作。在这些干谒诗里，他表达了自己"致君尧舜上，再使风俗淳"（《奉赠韦左丞丈二十二韵》）的理想。十年漫漫干谒路，看够了世态炎凉，尝尽了酸甜苦辣，也求得了一些小官职，如右卫率府胄曹参军等。安史之乱爆发，杜甫由长安潜投凤翔——当

① 浦起龙：《读杜心解》，北京，中华书局，1961年版，第402页。
② 仇兆鳌：《杜诗详注》，北京，中华书局，1979年版，第12页。

时皇帝（肃宗）为避乱之行在，"去年潼关破，妻子隔绝久。今夏草木长，脱身得西走。麻鞋见天子，衣袖露两肘。朝廷愍生还，亲故伤老丑。涕泪授拾遗，流离主恩厚……"（《述怀》）后来长安收复，帝还京，杜甫也到了长安，继续担任他的左拾遗。这段时间，可能是杜甫一生中最安稳的日子，一场战乱刚刚结束，一切都在恢复之中，杜甫也每天忙碌着自己的公务。这时候杜甫的诗作也都表现出悠然安闲的风格，而其中的几首小诗，很多人都会忽略，但是，细细研读，却能感受到杜甫的一片赤子之心。先看这首《春宿左省》：

> 花隐掖垣暮，啾啾栖鸟过。
>
> 星临万户动，月傍九霄多。
>
> 不寝听金钥，因风想玉珂。
>
> 明朝有封事，数问夜如何。

此诗写于乾元元年（758）。按照唐朝的官制，拾遗属门下省，在东，故曰左省，亦曰左掖。而据《唐书》："补阙、拾遗掌供奉讽谏。大事厅净，小则上封事。"所谓的"封事"就是密封的奏疏。官职不大，职位也不紧要，离杜甫"自谓颇挺出，立登要路津"（《奉赠韦左丞丈二十二韵》）理想其实相去甚远。但是，杜甫却把这个工作看得这样重要，在上"封事"的前一夜，该到杜甫值夜。这是一个可以见到皇帝的机会，不是每个人，也不是常常会有这样的机会，故"幸而得之，坐以待旦"（《陈辅之诗话》）。诗中首先描写了暮色中的"左省"景象，夜幕已垂，花影渐渐由清晰变得模糊，鸟儿啾啾鸣叫着归巢，一切安静下来，夜色愈深，星光与宫中的点点灯火相映照，闪闪烁烁，而巍峨的大殿因为高入云霄，故得月独多，想必一定显得神秘庄严，这样的描写表现出杜甫对皇帝的敬仰之情。卧榻上，总是觉得已经到了该上朝的时间，仿佛可以听见金钥开启宫门的声音，而风起时，房檐下的铃儿"叮叮当当"响起，总会误以为是官员们骑马上朝时玉佩敲打发出的清脆响声，而睁眼一看，夜色尚浓。题为"春宿"，但却整夜"不寝"。那时的杜甫已经四十五岁，然而，读完此诗，这样的心态哪里是一个四十五岁的朝廷官员的心态，分明像是一个孩子，守着一个明朝的美好计划而夜不能寐，不停地询问天何时亮的心情，但这就是杜甫，一个勤勉的官员形象，或者说一个具有浓浓赤子之情的杜甫跃然纸上，正如杨伦《杜诗镜铨》引仇兆鳌注云："自暮至夜，自夜至朝，叙述详细，而忠勤为国之意即在其中。"①

关于杜甫的"忠君"思想，学术界在20世纪曾有过大讨论，其中，20世纪50年代，当时的西北大学中文系杜甫研究小组撰写的《杜甫的世界观》一文中，谈到了杜甫的"忠君"思想，认为杜甫"从来没有怀疑过君主制度的合理性，在他的思想上还存在着很深的忠君思想，有时忠君的确忠到傻头傻脑的程度"②。不知道在《春宿左省》这首诗中，"明朝有封事，数问夜如何"的杜甫，是不是他们所谓的"忠君忠到傻头傻脑的程度"，可是，我们有何理由苛责一个一千多年以前的普通官员能够具备近现代才发萌的民主、平等意识？相反，如果出现在我们眼前的杜甫，一边供职宫中，一边举着反皇帝的大旗说一些闲言碎语，你更喜欢哪一个杜甫？"傻头傻脑"却正说明了杜甫人品的高尚，为人为事的忠厚，读完此诗，含笑之余，却又忍不住潸然，为其浓浓的赤子之情。

还有另一首诗《晚出左掖》，和《春宿左省》相互映照，反映出杜甫对皇帝的忠诚、对自己工作的尽责：

> 昼刻传呼浅，春旗簇仗齐。
>
> 退朝花底散，归院柳边迷。
>
> 楼雪融城湿，宫云去殿低。
>
> 避人焚谏草，骑马欲鸡栖。

① 杨伦：《杜诗镜铨》，北京，中华书局，1962年版，第177页。

② 西北大学中文系杜甫研究小组，《西北大学学报》1959年1、2合期。

入朝、退朝，井然有序，但总不忘仰视那大明宫的最高端，殿高逼云，好似在云端之间。但这样的"高"更多的是杜甫内心的崇敬。因为崇敬，则显得高远、神圣。而关于公务，明代诗人钟惺评曰："'明朝有封事'，谏臣之心；'避人焚谏草'，大臣之体。"爱国情怀在胸，努力写好了亲呈皇帝的谏书。悄悄在避人处烧毁了谏书的草稿，不愿意别人说自己沽名钓誉，但内心深处是不是更是为了这个他一直忠诚着的"君"，不让别人知道君有不足、有缺点，这就是杜甫，爱着这个国，爱着这个君，看起来真的有点"傻头傻脑"，但又是那样的真诚。

苏轼说："古今诗人众矣，而子美独为首者，岂非以其流落饥寒，终身不用，而一饭未尝忘君也欤！"是的，杜甫，这个曾经志向高远的少年，从应试不第到十年干谒，一生最大的官职也不过是这个左拾遗，到后期更是因为疏救房琯事件被贬官、流放，从首都长安到了边鄙之地，终生没有达到他希望的"立登要路津"的理想，但"杜甫遭贬谪后，终生无一言怨怼君上"[1]。杜甫怎么会怨怼君上，从他的《春宿左省》《晚出左掖》，以及大量诗篇中，我们看到的是一个轸念民生疾苦，对皇上有谏诤但绝无怨怼的杜甫，可以说"'进思尽忠，退思补过'，儒者以孝事君，杜甫都做到了"[2]。

浦起龙在其《读杜心解·读杜提纲》中说："老杜爱君，事前则出以忧危，遇事则出以规讽，事后则出以哀伤。"[3]"忧君""规君""讽君""哀君"，是杜甫"忠君思想"的各种具体表现，这里没有一味地歌功颂德，有的是发自内心的忧虑、讽谏、崇敬、感恩。

乾隆皇帝在其诗作《读杜牧集》中这样评价杜牧："所输老杜者，一饭不忘君。"这句诗真实地写出了杜甫一生对君上的情感。每饭不忘君，那么如果是皇帝赐予的衣服呢？杜甫有一首《端午日赐衣》里这样写道：

---

① 黄芝冈：《论杜甫诗的儒家精神》，《学术杂志》第 1 卷第 1 期，1943 年 9 月版。

② 黄芝冈：《论杜甫诗的儒家精神》，《学术杂志》第 1 卷第 1 期，1943 年 9 月版。

③ 浦起龙：《读杜心解》，北京，中华书局，1961 年版，第 62 页。

宫衣亦有名，端午被恩荣。

细葛含风软，香罗叠雪轻。

自天题处湿，当暑著来清。

意内称长短，终身荷圣情。

一个"亦"字写出了得到皇帝所赐衣衫时的喜出望外；"含风软""叠雪轻"写出了手轻轻拂过衣衫时的触感；"题处湿""著来清"写出了体感；而"终生荷圣情"是杜甫一生对皇帝的真情，即使屡遭贬谪，但"迹江湖而心系魏阙"。且不论杜甫"忠君"的思想性、局限性等等，单从一个人的人格上来讲，这样的忠诚、感恩，谁又能不为之感动呢？

三、遥怜小儿女，未解忆长安——诗人杜甫的柔情

纵观几千年中国诗坛，可能没有哪一位诗人像杜甫一样，用诗人之笔记录下了自己和家人的生活，人们都说杜甫的诗是"诗史"，其实也是一部"家史"，在杜甫的一千四百多首诗中，有大量描写自己一家在战乱中的生活的诗作，忆妹、念弟、怀内、亲子，人间万象，百结柔肠，都能在杜甫的"言家事诗"中读到。

据史载，杜甫有两个儿子——宗文、宗武，还有一个女儿凤儿。杜甫对子女的疼爱与一般的父亲并无二致，孩子生日时，杜甫会写诗一首，表达自己对孩子的期望，如《宗武生日》："小子何时见，高秋此日生。自从都邑语，已伴老夫名。诗是吾家事，人传世上情。熟精《文选》理，休觅彩衣轻……"诗中希望儿子继承家族"立德立功立言"的儒家传统，不一定像那"戏彩娱亲"的老莱子才是真的孝子，"面命之语，如闻其声。"[1]而当儿子学经读诗稍

---

① 浦起龙：《读杜心解》，北京，中华书局，1961 年版，第 759 页。

有成绩时，杜甫心里充满了自豪，很为儿子骄傲，也发起了好似现代人在微信朋友圈晒孩子的兴致，写下了这首《又示宗武》：

> 觅句新知律，摊书解满床。
> 试吟青玉案，莫羡紫罗囊。
> 假日从时饮，明年共我长。
> 应须饱经术，已似爱文章。
> 十五男儿志，三千弟子行。
> 曾参与游夏，达者得升堂。

有"晒"，也有告诫，对儿子的欣赏以及对他未来的期望在这首诗里完美地融合在一起，把一个严厉但仁厚的父亲形象表现得淋漓尽致。

父子之间的亲情也常出现在诗人笔下，如《元日示宗武》："汝啼吾手战，吾笑汝身长……"看到父亲老态渐显，手总是不停颤抖，儿子心疼到哭，而父亲却乐观一笑，用"汝身长"来打趣儿子，不让儿子过于难过，这"一啼一笑"之间，父子互相关爱的情景就凸显出来了，而这又何尝不是很多家庭中的寻常一幕？

我们知道，杜甫在长安干谒前，生活是优渥的，可以放荡齐鲁，裘马轻狂。但是，随着父亲的离世，生活变得拮据，更有安史之乱爆发，以及后来的遭贬流放，杜甫携妻将子各地辗转，刚至一地，席不暇暖，又要奔逃，而"饥饿"二字在后来的生活中几乎是常态，"恒饥稚子色凄凉"（《狂夫》）、"饥卧动即向一旬"（《投简咸华两县诸子》）、"痴儿不知父子礼，叫怒索饭啼门东"（《百忧集行》）。"穷年忧黎元，叹息肠内热"（《自京赴奉先县咏怀五百字》）的忧国忧民情怀里，凝结着他自己的血泪。因为这里的"黎元"有他的家人和孩子在里面，有他的忧伤悲戚在里面，路途中，"朱门酒肉臭，路有冻死骨。荣枯咫尺异，惆怅难再述"，而回到家，看到的是"入门闻号啕，幼子饿已卒"（《自京赴奉先县咏怀五百字》）。这是国家的历史，又何尝不是杜甫个人的历史，在这样的惨境中，我们看到的是一个父亲在无力保护自己的孩子时的无奈、忧伤，"所愧为人父，无食致夭折"（《自京赴奉先县咏怀五百字》）。

在艰难时日里，有时也有难得的欢乐。天宝年间，杜甫为了求官，有十年的时间寄住长安，与家人分离。而每次回到家里，"娇儿不离膝，畏我复却去"（《羌村》三首）。父亲疼爱孩子、孩子依恋父亲的画面如此真切，生活越是艰难，更显出这全家团圆、儿女绕膝的温暖和珍贵。杜甫有了官俸，给妻子儿女买了各种各样的礼物。"粉黛亦解苞，衾绸稍罗列。瘦妻面复光，痴女头自栉。学母无不为，晓妆随手抹。移时施朱铅，狼藉画眉阔。生还对童稚，似欲忘饥渴。问事竞挽须，谁能即嗔喝？"（《北征》）我们能想象出妻子因为喜悦而泛着光泽的笑脸，而还年幼的女儿，竟也要学着母亲描眉画眼，只是手法还显笨拙，将自己的脸化成了小花猫。更有意思的是，年幼的孩子，看到父亲的胡须，竟好奇地揪扯起来，好一幅苦中有乐的场景。

《江村》是杜甫入蜀以后写的一首诗，诗写草堂建成，终于有了安稳的家，"老妻画纸为棋局，稚子敲针作钓钩。"这是一幅多么恬静优美的田园画，而作为一个丈夫、父亲的满足感也从字里行间表现出来。

心中牵念着离乱中的众生，脸上永远是忧虑的表情，而沉郁顿挫的诗风也似乎和柔情不搭。但是，就是这样一个杜甫，在诗里，他爱自己的孩子，想念自己的兄弟姐妹，牵挂着他们的平安，而对于自己的妻子，杜甫充满了一个丈夫的柔情。如这首著名的《月夜》：

> 今夜鄜州月，闺中只独看。
> 遥怜小儿女，未解忆长安。
> 香雾云鬟湿，清辉玉臂寒。
> 何时倚虚幌，双照泪痕干。

此诗写在天宝十五载，那时杜甫自鄜州赴灵武（今属宁夏），那里是肃宗之行在，但是途中为叛军所得，身陷长安。失去自由的诗人，夜晚望月，思念妻子，本是自己"独望"，但却从妻子"独看"鄜州之月而忆长安写起，一个"独"字表达了诗人对妻子的挂念，这样的写法，比直抒自己的思念更进一层。而儿女们年纪尚幼，未谙世事，不解思念，对妻子孤独无依的担忧更进一层。诗的颈联写得如此之美：夜凉如水，轻雾打湿了妻子乌黑的发髻，而如玉一般柔润的臂膀是否会在清凉的月光下感到些许寒意呢？多少的柔情蜜意、关心体贴，尽在这美好的想象中。这样的描写，出自一个"饥卧动即向一旬，敝衣何啻联百结"（《投简咸华两县诸子》）的杜甫，一个"疟疠三秋孰可忍，寒热百日相交战。头白眼花坐有胝，肉黄皮皱命如线"（《病后过王倚饮歌》）的杜甫。而一个总是自嘲"贫病老丑"的杜甫，却有如此的深情、柔情，也不怪王嗣奭读完此诗慨叹："词旨婉切，公笃于伉俪如此。"

四、结语

纵观杜甫的"言家事诗"，和《诗经》、汉乐府"饥者歌其食，劳者歌其事"的传统是一脉相承的，如果没有这些言家事诗，杜甫的那些忧国忧民的诗歌就显得单薄、空洞甚至可能虚伪，正因为他的忧国忧民中也凝结着自己的血泪，贫苦百姓期盼和平安定的哭嚎中，也有他自己的歌哭，才有了杜甫诗歌的成就，也才有了"诗史""诗圣"的称号，而这"诗圣"的称号，近代著名思想家梁启超认为，其实用"情圣"更恰当。梁启超先生在其著名的演讲《情圣杜甫》[①]中，对历代诗评家封杜甫为"诗圣"的做法提出异议，他完全把杜甫当成一个普通人，一个丈夫、父亲、兄长来看。诚如梁启超先生所言，杜甫所描写的这些看起来似乎很普通、很私人的小情感、小情怀与那些"忧国忧民"的神圣情怀是不可分割的。这些小情怀让我们了解了一个更真实

---

① 梁启超：《情圣杜甫》，《杜甫研究论文集》第一辑，北京，中华书局，1962年版。

的杜甫。

浦起龙说杜甫："诗凡涉君臣、父子、兄弟、夫妇、朋友之间，都从一副血诚流出。"[①]杜甫在用心、用血书写着自己、家人、朋友、苦苦挣扎的人民以及他深深爱着的国家。读杜诗，不仅为他的诗所吸引，更为他的人格魅力所感动，"居庙堂之上则忧其民，处江湖之远则忧其君"，写下"朱门酒肉臭，路有冻死骨"为天下饥馁苦寒者呼喊。他没有俯视众生，只做一个冷漠的看客，他用自己的诗人之笔记录了人间的苦难，而他自己也在悲悯的黎庶百姓之间，他的歌哭，也凝结着自己的血泪和心酸。他曾为朝廷命官，忠心耿耿，恪守自己的职责，为朝廷君上献出自己的赤子之心，而他跟李白之间的相携交游乃至终生思念更是这世上最美好的友情。"诗圣"抑或"情圣"？这本不是一个问题，如果心中没有对家人、对朋友，对土地以及对这片土地上的芸芸众生的爱，如果没有在有些人看来"傻头傻脑"的"忠"，又何来"诗圣"杜甫？

参考文献

[1] 季羡林等（2001）《隋唐五代文学研究》，北京，北京出版社。

[2] 浦起龙（1961）《读杜心解》，北京：中华书局。

[3] 裴斐（1986）《诗缘情辩》，四川，四川文艺出版社。

[4] 仇兆鳌（1979）《杜诗详注》，北京：中华书局。

[5] 闻一多（2009）《唐诗杂论》，北京，中华书局。

[6] 杨伦（1962）《杜诗镜铨》，北京：中华书局。

---

① 浦起龙：《读杜心解》，北京，中华书局，1961 年版，第 6 页。

论嘉靖本和通行本《三国演义》中曹操形象的变化

吴丁香

提要 曹操是《三国演义》中最为精彩的人物之一。《三国演义》一书有两个较为有名的刊本，一为嘉靖本，一为现今通行本。两本曹操形象大体一致，但有细微变化，即"英雄"变成了"奸雄"。这种历史性的变化直接促成了"尊刘贬曹"主题的确立，体现这种变化的手段主要有两种——评点和修改。

关键词 曹操 形象变化 主题确立 评点 修改

一、引言

《三国演义》现今最早的刊本，是有明弘治甲寅年间金华蒋大器和嘉靖壬午年间关西张尚德所作两篇序的《三国志通俗演义》，研究者称作"嘉靖本"。此本书分二十四卷，共二百四十则，题曰"晋平阳侯陈寿史传，后学罗贯中编次"。这个刻本，每节一标目，皆为七字单句。明朝末年李卓吾合二百四十则为一百二十回。

清康熙年间，毛纶对嘉靖本作了笺注。毛宗岗在其父基础上，对此本进一步增饰删改、逐回评点，变原本标目的七字单句为对仗工整的偶句，于每回开端加入总起章节的评述性话语。在不改变嘉靖本基本情节的前提下，融入毛氏本人的政治思想、态度立场，对嘉靖本再创作，形成"第一才子书"。毛宗岗修改评论下的《三国演义》，其影响大大超过此前各版本，成书之初至今日一直是家喻户晓的通行本。

　　《三国演义》作为中国历史演义小说的开山奠基之作，历来研究者颇众。现有的研究主要从两个角度展开，一从源流演变的角度，考订现有版本，探究各版本之间的关系；一从文人思想的角度，考察各版本在主题确立、情节结构编排、叙述方式上的异同。曹操是《三国演义》塑造的最为成功饱满的人物之一。不论是嘉靖本还是通行本，曹操的性格都极具复杂性、矛盾性、多样性，多种对立的性格在他身上却丝毫不显得突兀。对曹操的探究，历来不乏研究者，所站角度大致为上述源流演变或思想态度。本文将嘉靖本与通行本的情节编排、人物言语、附着评论等细细比对，试图探究曹操形象的变化。主要通过对比的方法，从人物形象异同、主题确立、艺术再创作等方面展开探讨。将嘉靖本、毛评本对比的同时，以《三国志》所述为历史背景，再次比对，以求从中追寻探究曹操形象的演变历程。试了解罗贯中创作之初对曹操形象塑造的把握，以及毛宗岗再创作时塑造"古今第一奸雄"的出发点。从曹操的形象变化中进一步探究小说背后文人化的政治理想，以及这种理想状态下对小说情节编排、人物塑造的影响。

二、历史性变化：英雄与奸雄的细微差别

　　就史实来说，三国是个极为特殊的年代，其间英雄辈出、豪杰汇集，业绩昭著。

　　曹操是这个时代叱咤风云的枭雄，始以"起义兵，为天下诛暴乱"为旗帜，继而"挟天子以令诸侯"，"外定武功"[①]，整顿经济、政治以巩固已有地盘，经三十年苦心经营，一统北方，开曹魏基业。他智慧超群，敢做敢当，精于谋略，是杰出的政治家、军事家。他知人善用，用人唯贤。此外，"内兴文学"[②]，登高必赋，文思敏捷，是我国建安时代极负盛名的诗人。但其为人奸

---

① 陈寿，《三国志》，中华书局，2006 年版，第 14 至 17 页。
② 陈寿，《三国志》，中华书局，第 193 页。

诈，处事狠绝，在三国群雄中也是极为突出的。不论是镇压农民军，或是于政坛翻云覆雨，他都无不表现出这一特性。因其性格的多样性、矛盾性、复杂性，不乏作家作品将其融进文字的世界，于是，历史的曹操摇身变作文学作品中的曹操。

元末明初人罗贯中所著《三国志通俗演义》一书，是我国历史演义小说的开山奠基之作。"然今所传诸小说，皆屡经后人增损，真面殆无从复见"。[1]嘉靖元年刊行的版本——"嘉靖本"是现存最早刊本，据历来名家考据，也是最为接近罗氏原作的版本。罗贯中深谙元明之际崇尚忠、义、勇的时代思潮和情感特质，以历史题材所提供的人物原型为模板，吸收宋元讲史平话、说唱文学等民间艺术营养，注入自己的审美理想，并契合社会大众的审美心理追求和文化心理结构，以全知视角的叙述方式，塑造出曹操这一有血有肉、生动鲜明的文学形象。"据正史，采小说，证文辞，通好尚，非俗非虚，易观易入，非史氏苍古之文，去警传诙谐之气，陈叙百年，该括万事。"[2]罗氏笔下的曹操虽"奸"，但作者并未吝啬于对他的称赞。曹操的个性特征首先是"雄"，而他的"奸"则是与其"王霸之度"精密结合，而绝非凡夫俗子之奸。因此，嘉靖本中的曹操可以定位为"英雄"。

清初毛宗岗在嘉靖本基础上，对书中回目、情节、文字增饰删改并逐回批评，却也不敢大胆改写，原文基本内容、故事框架并无多大改变。因此嘉靖本与通行本曹操形象大体一致。曹操形象，一言以蔽之，诚如许劭所言"治世之能臣，乱世之奸雄"[3]。这看似矛盾的两种特性在他身上水乳交融，构成其"奸"与"雄"的主体性格。曹操识人善用、法令严明，善于谋略、精通兵法，用兵诡谲多诈，常能出奇制胜。他既是一位出色的谋略家，善于集思广益，多谋善断；又是一位工于权术阴谋的政客，手段毒辣。三国时代唯

---

① 鲁迅，《中国小说史略》，上海古籍出版社，1998 年版，第 87 页。

② 高儒，《百川书志卷六·史志三·野史》，上海古籍出版社，2005 年版，第 82 页。

③ 罗贯中，《嘉靖本三国演义》，2008 年版，岳麓书社，第 8 页；《毛宗岗批评本三国演义》，2006 年版，岳麓书社，第 7 页

才是举的人才观下，各军团领导核心人物中，曹操用人是最有眼力、最为大胆的。放眼其帐下人才济济，或智谋之士，或勇武之将，或济世人才，都最大限度地施展才能，实现人生价值。曹操与其谋臣良将之间也是惺惺相惜。但谈及曹操嫉贤妒能、残害贤士而言，说来也比比皆是。众所周知，荀彧是他的第一谋臣，于统一北方之业居功至伟，他们之间可算是贤士得遇明主、风云际会。可当荀彧反对他晋封魏公时，他便怀恨在心，逼得荀彧自杀身亡。"狡兔死，良狗烹；飞鸟尽，良弓藏；敌国破，谋臣亡"①。曹操宽柔相济，宽是为了争取民心，扩大巩固其政治统治；柔则是为了震慑人心，便于统治文臣武将、天下百姓。

虽说两版曹操形象大致相同，但确有细微差别。通行本在不改变嘉靖本第三人称式全知叙事模式的前提下，有针对性地强化人物性格定向，在文字上做了删改，从主观情感角度删去了文中不少枝节细末，使人物主体性格被更大程度地扩大，定下与后文人物形象较为统一的基调。嘉靖本中，曹操以"英雄"的身份出场，"为首闪出一个好英雄，身长七尺，细眼长髯。胆量过人，机谋出众，笑齐桓、晋文无匡扶之才，论赵高、王莽少纵横之策。用兵仿佛孙、吴，胸内熟谙韬略"②。罗氏以激情澎湃的礼赞竭力渲染了曹操英雄的本质——才学胆识过人，精于谋略，长于用兵。而在通行本《三国演义》中，只剩冰冷的寥寥数笔，"为首闪出一将，身长七尺，细眼长须"③，对曹操的称颂更是被毛氏一并删掉。"英雄"较之"一将"，单从人物出场来看，通行本的曹操明显不具备英雄的特质。毛氏不论是从文字的删改或是附加的评论，无一不表现出这种主观性"贬曹"情绪。嘉靖本章节回目中"曹孟德""曹操"至嘉靖本时常直接被替换为"奸贼"，批判情绪呼之欲出。其"奸"与"雄"已然不再处于共存相融状态，"奸"的特性明显占上风。且前文所谈及相同之

---

① 司马迁，《史记》，中华书局，2011 年版，第 553 页。

② 罗贯中，《三国演义嘉靖本》，岳麓书社，2008 年版，第 7 页。

③ 罗贯中，《毛宗岗批评本三国演义》，岳麓书社，2006 年版，第 6 页。

处，曹操性格的多重性，至通行本整体上倾向于道德上"恶"的一面。除此之外，毛氏在每一回加上了总领全文极富哲理性的话语，使得小说激荡着文人化的气息以及不可抗拒的历史观、命运观。历史长河中，即便是深受毛氏推崇的关公，也因其刚愎自用的性格，走向悲剧惨死的结局。人物出场定下的性格特征，已然决定了其日后的命运走向。就曹操而言，其多疑猜忌的性格决定了他必然不敢接受华佗开颅治病的建议，而必然处死华佗，也间接定下其因病而亡的结局。

总而言之，通行本在毛氏的改动下，两本曹操形象虽大体一致，但有细微差别，差别在于"英雄"变成了"奸雄"。

三、文人化的政治理想："尊刘贬曹"主题的确立

从"英雄"到"奸雄"的历史性变化，直接促成了"尊刘贬曹"主题的确立。这种"尊刘贬曹"的思想，实则出于一种文人化的政治理想。在封建时代，不论是罗贯中或是毛纶、毛宗岗，都无法从实质上左右国家大权、君主行事，他们所接受的伦理道德教育以"忠""义"为行事立身的标准，在这种道德教育下他们期望中的君主，必然是行仁政、爱民如子、忠义有加的仁君。虽在作品中表现为"尊刘贬曹"，但曹刘形象已然不同于历史形象，而是一种文学化的形象。刘备以"仁义"及皇胄身份著称于三国群雄，麾下谋士武将更是因其仁义矢志不渝地跟随其左右，鞠躬尽瘁，死而后已。

不论是嘉靖本还是通行本，曹操始终是以与刘备截然不同的形象出现的。就史实而言，刘备是三国时代有名的枭雄，且《三国志》中明确记载了其作为枭雄非凡的军事才能与政治谋略。在博望，刘备主张巧用火攻，进而大破曹军；赤壁之战，他亲自统领大军，担任主攻，与曹军竭力抗衡，其功劳不在周瑜之下；赤壁之战后，他亲自过江至东吴，与孙权商量荆州问题的解决方案。史料种种难以细说，然而罗氏并未将史料提供的足够依据和素材，注

入刘备形象的塑造中，这又是为什么呢？这不得不再次提到罗氏所处的时代背景以及其人生哲学。罗氏的人生哲学态度，俨然也是书中道德评判的标准——"忠""义"。罗氏所述刘备，不过是其期望中的仁君。嘉靖本中，刘备同样也是以"英雄"形象出场的，"生得身长七尺五寸，两耳垂肩，双手过膝，目能自顾其耳，面如冠玉，唇若涂朱"，"少言语，礼下于人，喜怒不形于色，好交游天下豪杰，素有大志。"①现实中的枭雄与罗氏理想中的"明主"是相矛盾的。于是，罗氏便忽略其雄才，而令其以"仁义"成为蜀方之主，深受百姓爱戴、下属追从。俗话说面由心生，曹操"细眼长髯"，笔者认为，这"细眼"二字，值得细细琢磨。试想一下，一个人细眼眯着看人时，想必透着一种算计，一种精明，用在曹操身上或许更是透着几分奸诈之色。而刘备"两耳垂肩，双手过膝"，②俨然透着一种佛像，一种与生俱来的仁义气质。此外，通行本中与对刘备出场保留其汉室宗亲不同，曹操的出身被毛氏大加删减，在这种对比中突显出了刘备皇胄身份的尊贵。为了进一步突显这种身份的尊贵，通行本在毛氏主观目的下，删去了嘉靖本对刘备贩履织席的记述，以强化其正统地位。

对"死亡"处理的重视，是从《史记》等史传文学开始的，如西楚霸王自刎乌江中萧条的场景描摹，将人物悲剧性的命运推到了极致。《三国演义》对人物死亡的刻画显然借鉴了史传文学的这一特征，而毛氏则将这一特征进一步强化。每一位英雄人物的逝去，都附带有意味深长的诗。就曹刘二人而言，除了保留了嘉靖本曹刘死亡前术士算命这一环节，毛氏还分别添加了"分香卖履""孙夫人投江"两件事。两相对照，不难看出毛氏"尊刘贬曹"的情绪。曹操死前"分香卖履"的言谈，以笔者愚见是其大气使然，而至毛氏笔下，显然是讥笑其贪恋女色，不舍红尘，截然不同于小说中的刘备胸怀家国、心忧天下。至于孙夫人投江，就文学情节安排而言，这一添笔使得孙夫人行藏始末有始有终，但也令笔者感叹通行本人物刻画过于直白露骨。

---

① 罗贯中，《三国演义嘉靖本》，岳麓书社，第3页。
② 罗贯中，《毛宗岗批评本三国演义》，岳麓书社，第4页。

通行本中毛氏对于刘备之仁进一步着墨，删去了罗氏原著中不利于其仁义形象的言论，以致书中虽一再提及刘备是"当世枭雄"，却实在没什么枭雄特质，诚如鲁迅先生所说"欲显刘备之长厚而似伪"[1]。相较之下，曹操虽奸诈，观其一生作为及才干，却无愧英雄称号。曹操除却"奸"与"雄"的主体性格，曹操还有着同样相对立、矛盾的多重性格特征。他智谋超群，却权术阴险；唯才是举，却常常嫉贤害才；时而仁慈，时而残暴。他似有着无数张脸，这样复杂的性格特征，使这位"奸绝"曹操，与书中其他人物相对较之下显得尤为真实。

通行本中，毛氏对与曹刘相关人物的出场安排也带上了其主观情绪。刘、关、张出场时，毛氏加评到"英雄"引出"英雄"。这种英雄会的身份定型实则是为了奠定蜀汉的正统地位，逐步确立"尊刘贬曹"的主题。另一方面，毛氏也对曹操也做了"奸雄"的定位。不可否认毛氏承认曹操的英雄特质，但其更多地着眼于曹操的"奸"，此后文字上的改动也是为了更好地突出曹操性格中"奸"的特质。在"尊刘贬曹"主题下，曹操在采纳贤臣良将意见时，嘉靖本写作的"然之"，通行本中常常改用作"大喜"二字，使得笔墨之间形象不尽相同。"然之"显出的是善于采纳良策、运筹帷幄的淡定大气，"大喜"则略显小人得志的嘴脸。再看许劭评论曹操"子治世之能臣，乱世之奸雄"时，嘉靖本写到"操喜而谢之"[2]；而至毛评本则被改作"操闻言大喜"，且附带有批注"称之为奸雄而大喜，大喜便是真正奸雄"[3]。笔者以为，"喜而谢之"表现出的是曹操对贤士的敬重，以及对自己才干过人的自喜；"闻言大喜"则略显低俗，好似曹操立志成为奸雄般。诸多细节，也显露出"英雄"到"奸雄"的变化。

综上所述，嘉靖本中"英雄"至通行本中"奸雄"的这种历史性变化，直接促进了从"拥刘抑曹"到"拥刘贬曹"主题的确立，而"拥刘贬曹"的

---

① 朱一玄、刘毓忱编，《〈三国演义〉资料汇编》，百花文艺出版社，1983 年版，第 5 页。

② 罗贯中，《三国演义嘉靖本》，岳麓书社，第 8 页。

③ 罗贯中，《毛宗岗批评本三国演义》，岳麓书社，第 7 页。

思想实则是一种文人化的政治理想。

四、两种再创作方法：修改与评点

通行本在嘉靖本的基础上，对《三国演义》一书的再创作主要采用了两种艺术手法——修改与评论。在实际运用中，这两种手法并非是泾渭分明的，毛氏对情节的微调多数采用增饰删改与评论并用，少部分只附带评论。

增饰修改与评论并用在曹操和刘备的关系以及曹操和关羽的关系中体现的较为明显。

观曹刘关系，不得不提及天下三分曹刘各为魏蜀之主前，刘备曾两次投奔曹操之事。第一次是被吕布追逼，无奈之下来投曹操；第二次也是在失守沛城，兵败不得已的情况下投奔曹操。

刘备第一次投奔曹操，嘉靖本中记述到：曹操听闻刘备来投，随即请入城，尊其为上宾，以礼相待。荀彧、程昱都认为刘备具备英雄之才，劝曹操借机铲除以绝后患。而曹操却认为当时是用英雄之时，不可杀一人而失天下之心。曹操此举固然存有私心，但也充分地体现了其卓越的政治眼光和容人雅量。故书中借程昱之言，称其"有王霸之才"[①]。可见曹操虽"奸"，但他的"奸"与其"王霸之度"紧密相连，绝非器量狭隘的"奸"。至通行本中，毛氏对曹操之于刘备的以礼相待，附上两次"奸甚"[②]的评论，使"王霸之气"瞬间变作"奸雄之奸"，意味着实不一。此外，曹操与谋士荀彧、郭嘉、程昱的对话，毛氏一并删改，并附上评论，认为曹操并非不杀刘备，而是想借刀杀人，使吕布、袁术等除之。这样的改动下，曹操卓越的政治眼光和容人雅量荡然无存，俨然变作毛氏眼中、口中奸甚无比的奸雄，全无爱才用人之心。

刘备第二次投奔曹操，嘉靖本中记述到：曹操仍然以礼相待。曹操还许

---

① 罗贯中，《嘉靖本三国演义》，岳麓书社，第 142 页。

② 罗贯中，《毛宗岗批评本三国演义》，岳麓书社，第 121 页。

都，路过徐州，百姓焚香遮道，请刘备任徐州牧。操言"刘使君功劳大，必当面见君毕，回来未迟"，百姓叩谢。又在马上对刘备说"待公朝毕，还徐州未迟。"①刘备称谢。回许都的第二天，曹操便向汉献帝引荐刘备，刘备被认作皇叔，曹操麾下谋士都认为此事于曹操不利。曹操言："玄德与吾结为昆仲，安肯外向也？"于是仍旧与刘备"出则同舆，坐则同席，美食相分，恩若兄弟"②。至此可见曹操之于刘备，不可谓无有知遇之恩。此时的曹操，并非不知刘备非久为人下之人，而全齐羽翼，令笔者不得不佩服其胸怀宽广，气度卓绝。通行本中，对于百姓请愿刘备任徐州牧一事，毛氏删去曹操马上对刘备所说的话，并评论到"操自欲取徐州，而不欲以予备"。③胸怀坦荡的曹操俨然便成了老谋深算的小人。至于刘备被封皇叔一事，毛氏对曹操的所言所行更是大加删改，行文中改作曹操对谋士说"彼既为皇叔，吾以天子之诏令之，彼愈不敢不服矣。况吾留彼在许都，名虽近君，实在吾掌握之内"。④文字上的变动，使得心胸宽广、颇具王者之风的曹操变作了老谋深算、阴险狡诈的小人。

一言以蔽之，嘉靖本中，曹操与刘备虽各有其志向，利益相冲突，但曹操在刘备羽翼未成两次投奔之时，始终以礼相待，操可说是有恩于备。曹操不除刘备不可否认其有私心，但他行事坦荡，颇有容人雅量。通行本中，毛氏对文字大加删改和评论下，曹操刘备初时的些许英雄相惜的情谊已然无存，曹操便成了精于算计、胸襟狭隘的小人。显然，其"奸"与"雄"不再处于平衡共融的状态，而滑向了道德上恶的一面。

观曹操、关羽，人们首先会想到华容道关羽义释曹操一事。关羽为什么会义释曹操呢？这不得不提曹操义释关羽一事，此乃后文之因。温酒斩华雄时，曹操独具慧眼已识得关羽是个英雄。至屯土山与关公约三事，曹操对关

---

① 罗贯中，《嘉靖本三国演义》，岳麓书社，第 174 页。
② 罗贯中，《嘉靖本三国演义》，岳麓书社，第 175 页。
③ 罗贯中，《毛宗岗批评本三国演义》，岳麓书社，第 151 页。
④ 罗贯中，《毛宗岗批评本三国演义》，岳麓书社，第 152 页。

羽始终恩遇有加，以礼相待。关羽虽言降汉不降曹，却很感念曹操恩遇，为其斩颜良诛文丑。但关羽一得知刘备住处，千里走单骑过五关斩六将弃曹操而去，曹操最终守信放走关羽。

嘉靖本中对曹操义释关羽一事，从侧面反复展示了曹操阔大的器量、宽广的胸襟。书中记述到：关羽走后，蔡阳自告奋勇地要去追杀关羽，曹操不仅当众斥退蔡阳加以制止，更是当着众部下赞扬关羽"事主不忘其本，乃天下之义士也。来去明白，乃天下之丈夫也。汝等皆可效之。"程昱认为关羽此去，一旦归顺袁绍，是"纵虎伤人也"，不如遣将杀之"绝此后患"①。曹操不然，认为若追杀关羽，便是失信于天下人。诚如书中借裴松之之口称颂的那样，非有王霸之度不能至此。曹操亲自给关羽送行，并赠袍作为留念。又一连三次遣人到关隘传送公文，下令沿途不得阻挡关羽，全其忠义之心，虽知道关羽已连斩数将仍不加害于他；最后还专派心腹大将张辽劝阻夏侯惇。这是何等的气度！

通行本中，这段故事的情节没有变动，但毛氏却对曹操言行大加改动，并附有毛氏长篇评论。毛氏说道"吾读此卷，而叹曹操之义，又未尝不叹曹操之奸。"②改动之后，曹操劝阻蔡阳时说道："不忘故主，来去明白，真丈夫也。汝等皆当效之。"曹操的称颂由"天下之义士""天下之丈夫"变作了"真丈夫"，加上毛氏的评论"操视诸将中未尝有此人"，③使得曹操对关羽单纯的赞扬变作了对军中无此人物的叹息，用意不一。程昱与曹操的一番对话，被毛氏大幅删去，使得曹操不追杀关羽以免失信天下的气度、赠袍赐金的情谊，变作了停留在言语上空洞的表白。通行本中，关羽更是屡因缺少出关文书，遭遇重重困难。这细微的情节变动，使得曹操的大度成全变成了惺惺作态。不仅不能突显曹操的守信重义，反倒愈发表现出其奸诈狡猾。

---

① 罗贯中，《嘉靖本三国演义》，岳麓书社，第 227 页。

② 罗贯中，《毛宗岗批评本三国演义》，岳麓书社，第 204 页。

③ 罗贯中，《毛宗岗批评本三国演义》，岳麓书社，第 205 页。

简而言之，修改与评论的混用使得嘉靖本中英雄相惜的曹操、关羽变成了通行本中政治上的对立，关羽、曹操之间显然没有了义气相惜，曹操的重信守义更是大打折扣。

通行本中仅用评论改变曹操形象处，在曹操和典韦的关系中表现的最为明显。

曹操一生，广揽人才，不问出身，不论贵贱，知人善用，不拘一格。也正是这样的人才观使得曹操麾下集合了众多贤能谋士、勇猛武将，他们甘为曹操驱使，曹操也使他们各得其所，各尽其能，誓死尽忠。嘉靖本中记述道：宛城之战，曹操痛失爱将典韦后，对众将士说："吾折长子、爱侄无痛泪，独号泣典韦也。"曹操思慕典韦，为其"兴立祠堂，四时祭之；封其子为中郎，收养在府。"①直到曹操再一次兵临淯水，想到典韦之死，仍情不自禁地在马上大哭，并宰牛杀马祭奠典韦。再拜之时，甚至哭绝于地。此等肺腑深情，令其身旁大小军校纷纷落泪。曹操与战场之上不论成功失败，甚至性命受到威胁是，始终能坦然大笑；而痛失良将时他如失去亲人般落泪。

至通行本，曹操与典韦间的这番情谊，毛氏改动下已然变色。前文也曾提及毛氏于每一章回大加评论。至典韦这段情节，曹操爱下之心实属真情使然，毛氏对情节修改无能为力，便只能借评论来扭转读者对这一情节的理解。毛氏将曹操"独号泣典韦"解释为"虚伪"，评论到"操之哭典韦，非为典韦哭也。哭一既死之典韦，而凡未死之典韦，无不感激。此非曹操忠厚处，正是曹操奸雄处。"②笔者以为，毛氏在此处所作的诠释完全出于个人偏颇的"尊刘贬曹"，是极为不合理的。这样的改动下，曹操的爱才之心俨然成了收揽人心的奸诈手段，如前文所述，曹操的多重性格俨然滑向恶的一面。

通行本中，经毛宗岗修改与评论的再创作，塑造出古今奸雄中第一人的"奸绝"曹操，一改嘉靖本中以"雄"为主，"奸"与王霸之气相合的英雄形象。

---

① 罗贯中，《嘉靖本三国演义》，岳麓书社，第 145 页。
② 罗贯中，《毛宗岗批评本三国演义》，岳麓书社，第 133 页。

五、结论

《三国演义》一书作者罗贯中充分汲取了民间艺术的营养，以陈寿的《三国志》为历史模板，借鉴讲史平话、历史剧，结合历史原型、事件，艺术塑造了书中曹操这一典型人物。"然今所传诸小说，皆屡经后人增损"。[1]

嘉靖本是现存最早刊本，经众名家考据，可谓是最接近原著的版本。此本中曹操首先是一位"英雄"，其奸诈狠绝与王霸气度密不可分，"奸"与"雄"处于共融并存的状态，并以"雄"的特质为重。通行本以嘉靖本为基础，在基本情节不变的基础上，融入毛宗岗的政治理想、态度立场，对作品进行再创作，使得"尊刘抑曹"变作了"尊刘贬曹"。在"尊刘贬曹"的主题下，情节的微调、言语的变动，促使曹操变作了现今众人熟知的"奸绝"，"英雄"变成了"奸雄"。

参考文献

［1］（明）罗贯中《三国演义嘉靖本》，湖南：岳麓书社，2008。

［2］（明）罗贯中《毛宗岗批评本三国演义》，湖南：岳麓书社，2006。

［3］（晋）陈寿《三国志》，北京：中华书局，2006

［4］鲁迅，《中国小说史略》，上海：上海古籍出版社，1998。

［5］朱一玄、刘毓忱编，《〈三国演义〉资料汇编》，天津：百花文艺出版社，1983。

［6］关四平《三国演义源流研究》，黑龙江：黑龙江教育出版社，2001。

［7］纪德君《中国古典小说的艺术流变》，北京：中国社会科学出版社，2002。

---

① 鲁迅，《中国小说史略》，上海古籍出版社，第87页。

《新中国出土墓志·北京》释文校订二则 ①

徐秀兵

提　要　《新中国出土墓志·北京》作为出土文献材料，对历史、考古、语言文字、社会文化等方面的研究具有重要价值。文章运用汉字学、词汇学、语法学、文献学、校勘学等多学科知识，结合传世文献，就《墓志》所收录的两方唐代墓志存在的标点误断、形体误释情况进行匡正，以期有助于该项材料的科学利用。

关键词　墓志　释文　句读　形体

引言

　　文物出版社2003年版《新中国出土墓志·北京》（简称《墓志》），作为出土文献材料，对历史、考古、语言文字、社会文化等方面的研究具有重要价值。《墓志》整理者均是经验丰富的文物工作专家，其释文总体是可靠的。但智者千虑难免一失，《墓志》释文中也有个别可商榷之处。我们运用汉字学、词汇学、语法学、文献学、校勘学等多学科知识，结合传世文献，就《墓志》所收录的两方唐代墓志存在的标点误断、形体误释情况进行匡正，以期有助于该项材料的科学利用。

　　①　本文为教育部人文社会科学研究青年基金项目（项目批准号：17YJC740101）及北京市社会科学基金项目青年项目（编号：18YYC020）的阶段性成果。

一、标点误断

《墓志》第十六方题为"唐故银青光禄大夫行瀛洲别驾莫州刺史上柱国申国公蔡府君墓"释文开始一段为（释文中空格照录，"」"表示另起一行）：

蔡公讳雄，信都人也，系绪略而不书。 曾祖贞，虢州别驾。 祖遥，沧」州乐陵令。考济，泽州司户。咸著政能，皆谓时杰，善余庆，远閒气，是生」公，器涵江湖，才备文武，童稚之岁，曾不儿戏，习经史，蕴韬略，尝曰：六」国之印可绍佩之。未弱冠，有河朔之誉。属中原乱离，国为深忧。」诏书辟 公，招谕取定。乃私愤曰：离坚含异，智也；治乱辅霸，忠也；扬名」荣亲，达也。吾以此三者，必是行矣。

揣摩《墓志》原释文"善余庆，远閒气，是生」公"，可能是作释者将"善"和"远"看做谓词性成分，后面分别搭配名词性宾语"余庆"和"閒气"，两联三字句"善余庆""远閒气"构成对偶，最后以"是生」公"收结，与前面两个对偶句构成因果关系。

在唐代以前的书面汉语中，"余庆""閒气"确实可以作为双音节的名词性结构使用。《易·坤》曰："积善之家必有余庆，积不善之家必有余殃。"其中的"余庆"犹馀福，意为"遗予后人之福泽"。"閒气"源于古谶纬之说。古谶纬之说以五行附会人事，谓帝王臣民各受五行之气以生。正气为若木，得之以生为帝；閒气乃"不苞（包）一行"之气，得之以生为臣。《太平御览·春秋演孔图》："正气为帝，閒气为臣，宫商为姓，秀气为人。"唐柳宗元《柳先生集·祭杨凭詹事文》："公禀閒气，心灵洞开，翱翔自得，谁屑群猜。"在此意义上，"閒"可与"闲""娴"通用，此时的"閒气"为褒义词。

"閒气"用为贬义词表示"为无关紧要之事而生气"的用法，则是宋代以后的事。南宋俞文豹《吹剑录三录》："唐悦斋（仲友）字与正，知台州。朱文公（熹）为浙东提举，素不相得，至于互申，寿皇（孝宗）问宰相二人曲直，对曰：'秀才争闲气耳。'"

在古汉语中，"善"作为及物性的谓词，其义项主要有喜好、爱惜、擅长、善于、改善、熟悉等①。几个义项之间是远近引申的关系，均可理解为因喜好而亲近或者熟悉某事物，差别只是程度深浅不同，但基本态度都是褒扬。"善+余庆"可理解为"喜好、爱惜、擅长、善于、改善、熟悉+遗予后人之福泽"。在古汉语中，"远"作为及物性的谓词，其义项为疏远、离去。《论语·雍也》："敬鬼神而远之，可谓知矣。"又《颜渊》："舜有天下，选于众，举皋陶，不仁者远矣。""远+闲气"可理解为"远离闲雅之气"。而"余庆""闲气"与"善""远"分别搭配并构成对偶，在语义上不相协调，与墓志颂扬墓主人生平功德的社会功用相抵牾。

"是生公"一句，释文者可能将"是"看成因果连词，意为"因此"，或者将"是"看成代词，"是生公"一句前面省略了连词"因"，"公"字是"生"的宾语。照此理解，是否符合逻辑呢？试想，墓主人的曾祖贞、祖遥、考济"咸著政能，皆谓时杰"，怎么可能都（前文中"咸、皆"统领下文）故意"远离闲雅之气"呢？若故意"远离闲雅之气"，又怎么可能"喜好、爱惜、擅长、善于、改善、熟悉+遗予后人之福泽"呢？又怎么会诞生"器涵江湖，才备文武，童稚之岁，曾不儿戏，习经史，蕴韬略"的杰出后嗣呢？可见，如此断句，在事理逻辑上存在诸多不通。

下面我们尝试从"公"字切入，由宏观至微观，对上引墓志文重新离章辨句。纵览该方墓志全文大意，自"器涵江湖"以下，皆讲述墓主人蔡雄的生平和功德。按照墓志行文通例，"公"字应该统下，起到标领话题的作用。下文的"夫人"一词也是单独提出，凸显其话题地位，用以统领下文，可作内证。"公"乃"器涵江湖……国为深忧"一段的主语无疑。

既然"公"字属下，原释文中剩余"善余庆远闲气是生"八字的句读又将如何安放？就韵律而言，墓志文字常常骈散相间。审查"善余庆远闲气

---

① 据商务印书馆《辞源》第三版。

是生"八字前后文之韵律辞气，皆以四字格作为语气的停顿单位。前文是"（曾祖贞、祖遥及考济）咸著政能，皆谓时杰"。后文是"（公）器涵江湖，才备文武"。我们认为，从辞气连贯的角度看，"善余庆远閒气是生"八个字，应以四字为单位，分作两截为宜，即"善余庆远，閒气是生"。

作"善余庆远，閒气是生"的断句处理，在语义上也稳妥的。"善余庆远，閒气是生"每个四字格，还可以分别切分为两个二字节，即"善余+庆远，閒气+是生"，每个二字节都是韵律兼意义单位。"善""庆"都是表示"美善"义的褒义名词，"余""远"都是形容词，分别表示"充盈有余""悠久绵远"之意，"善余"和"庆远"是主谓格式的并列词组，分别说明墓主人三代宗族"美好的德行及财富充盈有余""福禄和吉祥悠久绵远"。"閒气是生"又与上文"善余庆远"构成因果关系，八个字合起来的意思连贯通畅：正因为充盈悠远的福佑，家族里才孕育生发出闲雅之气。

综上，《墓志》原释文"善余庆，远閒气，是生」公，器涵江湖"，当订正为"善余庆远，閒气是生，」公器涵江湖"。如此句读，方能文从字顺。上海古籍出版社2001年版《唐代墓志汇编续集》亦收录此方墓志，断句与本文相同。《墓志》晚出于《唐代墓志汇编续集》，惜其未能参酌订正。

二、形体误释

《墓志》第二十方题为"唐故朝请郎试太子洗马赐绯鱼袋蓟州司仓参军李公墓志铭"讲述墓主夫人合祔葬一段原释文作：

> 夫人河东裴氏，故范阳郡副持节，沧、定、寿州刺史讳使贞之次女也。徽容淑慎，懿范柔和。孝以承家，慈以抚下。事先姑能令起敬，奉君子宜保永贞。岂期中寿之年，奄梦楹之奠。以元和元年正月廿三日，寝疾殁于涿州固安县太平里之私第，春秋七十四。以十一年八月廿一日，合祔葬于公之故

茔，速缓必书也。

从总的字体风格来看，《墓志》第二十方是楷书与行草书相间，具体到"沧、定、寿州刺史讳"后面的人名用字"𫘤"是一个半楷半行草的字形。不难看出，"𫘤"字左侧部件对应的是楷书"亻"，释读的难点在于右侧部件"𡽫"的认定。《墓志》将"𫘤"字释为"使"，显然是将"𡽫"认定为"吏"。试看唐代文本文字中"吏"字的行草书字形：李邕《云麾将军碑》中"吏"字作"𠱷"，杜牧书《张好好诗卷》墨迹中的"吏"字作"𠀉"，均与《墓志》"𡽫"旁在笔形、笔顺方面存在较大差异。再看隋唐时代的草书"使"的字样：隋僧智永传世墨迹《真草千字文》"信使可覆"中"使"字草书形体作"𬴂"，唐孙过庭传世草书墨迹《书谱》"致使摹揭日广"一句中"使"字作"𡙉"，前揭《墓志》所收录的第十六方墓志刻于贞元十九年（803），字体风格、刊刻款式与第二十方极其肖似，文中"使君"一词中"使"字行书作"使"。综合对比前面所举的"𬴂""𡙉""使"等"使"字的形体，或草或行，都与《墓志》第二十方中"𫘤"字形迥异，且不符合楷行草书的形体演化机制。从字形角度看，此字释为"使"实在让人难以信服。

我们认为，"𫘤"右侧部件"𡽫"是一个草书"使转"构件，对应的是楷书"木"。秦永龙（1997：36-37）指出："（使转）就是笔画的牵连环转。它包括草书在省变楷书复杂构件、笔画的过程中所使用的屈曲环转的特殊笔道，也包括点画与点画之间、构件与构件之间相互连缀的游丝。……大量运用使转，既是草书用笔最大的特点，也是草书区别于其他字体的本质特征。"草书的"使转"用笔是普遍存在的，草书在完成"使转"笔形或"使转"部件的书写过程中，其笔顺也往往不拘泥于通行的楷书笔顺规则。"使转"用笔的行笔方向既有顺时针，也有逆时针的。如隋僧智永《真草千字文》中独体的"木""大"二字草、楷二体字形分别作"𣏟木"和"𡗗大"，楷书第一笔都是自左往右书写的横画，而对应的草书字形却都由右向左，实现了重新塑造。①《墓志》第二十方中"**⿰亻朱**"字的右侧部件"**朱**"正是草书的"木",其笔顺实现方式与智永所书的"木"字完全相同。因此,从形体角度看,"**⿰亻朱**"字可释读为"休"。元代书法家赵孟頫传世墨迹《前赤壁赋》"听其所止而休焉"一句中"休"字就作"**休**",其行笔方式与《墓志》第二十方的"**⿰亻朱**"字完全相同,可为旁证。

若"**⿰亻朱**"释为"休",那么墓主夫人裴氏之父——沧、定、寿州刺史——的名讳就要改为"休贞"了。史料记载,夫人宗族所源出的河东裴氏,其始祖为嬴秦始祖非子之后,是中国封建社会史上久负盛名的一大世家,隋唐两代,河东裴氏进入了鼎盛时期(参见周征松,1997)。唐代"裴休贞"的事迹,见载于当时的石刻碑志以及传世的历史文献和逸闻类书。

2007年秋洛阳发现的楷书《唐裴府君夫人李氏墓志》记载了裴府君(思简)"长子休贞,次子休彦,俱降年不永,有禄无命"。②思简曾追随堂兄裴行俭从戎为军官。行俭两唐书有传,是高宗朝大臣。《新唐书·宰相世系表》云:"德超,宁州刺史。思简。休贞,定州刺史。"这与《唐裴府君夫人李氏墓志》所谓"长子休贞,外典雄郡,内执金吾"的记载相契合(赵振华等,2011)。

北宋记载遗闻轶事的类书《太平广记·裴休贞》载曰:"金吾将军裴休贞,微时,居教业里。有客过之,休贞饮客,其弟皆预。日晚客去,休贞独卧厅事。昏后,休贞醒,绕床有声曰:'哥哥去娘子。'如此不绝。休贞视呼者,状甚可畏,绕之不止。休贞惧,跳门呼奴,奴以灯来,其弟亦至。于是怪依灯影中,状若昆仑,齿大而白,长五尺。休贞弟休元,素多力,击之以拳,应手有声,如击铁石,怪形即灭。其岁,休贞母殂。"赵振华(2011)指出,《唐裴府君夫人李氏墓志》亦叙长子休贞"内执金吾",与《太平广记·裴

---

① 再如,隋僧智永传世墨迹《真草千字文》中"受、伏、执、求、莽、幸、斩"等字以及唐释怀仁集王羲之《圣教序》碑中"伏""等"等字,都存在顺时针或逆时针的"使转"用笔。启功(2002:191)也指出:"(唐)怀素自叙卷中狂草,间有行笔反圈,作逆时针方向者。"

② 《唐裴府君夫人李氏墓志》全称为《唐故宁远将军易州修政府左果毅裴府君夫人李氏墓志》。

休贞》妖怪故事的主人公裴休贞应是同一人；故事说休贞有诸弟，一云休元，或是休彦，以其铁拳显示了军人素质；倘若事件发生在开元十五年（727）李氏去世时，距裴思简阵亡已经 31 年，诸子皆已成就。这也在情理之中。

那么，如果假定《墓志》第二十方墓主李公夫人河东裴氏之父为裴休贞，是否符合事理？据《唐裴府君夫人李氏墓志》，裴府君（思简）夫人李氏"以开元十五载（727）四月十三日薨于洛阳兴艺之里第，时春秋六十有六"，可知夫人李氏生于公元661年。裴思简毙命之年是万岁通天元年（696），当时其妻李氏35岁，三子失怙，李氏备尝艰辛。考虑到古代女子生育年龄的普遍情形，我们姑且假定李氏在681年（刚过二十岁）便生下长子休贞，到开元十五年（727）李氏毙命，休贞时年46岁。据《墓志》所言夫人河东裴氏在元和元年（806）殁时"春秋七十四"，则可知裴氏生于732年（玄宗开元二十年）。按照前面休贞生于681年的假定情况推算下去，在裴氏出生的732年，休贞正值51岁，这在当时官方没有实行人口数量控制政策的封建社会，也绝不是不可能的。

我们认为，上述假设和推算与历史真相不会相去太远。史书未载唐代定州刺史有名为"裴使贞"者，也没有记载过两个同名为"裴休贞"的人先后担任过定州刺史。因为资料的匮乏，休贞的具体生卒年月有待于进一步考证。但我们可以大胆断定的是，李公夫人河东裴氏之父理应就是历史上曾任过定州刺史的独一无二的"裴休贞"。

余论

基于上揭《墓志》释文中两个可以商榷之处，我们还应从学理层面进一步完善墓志文字考释的基本思路和方法。墓志是一种实物文字载体，出土数量众多。对于出土墓志文本的解读，毫无疑问要首先从汉字形体的分析入手；其次，我们要通过形源、词源的梳理，分析墓志的字样特征和构形理据，判定其在具体语境中所承担的记录职能；最后，遇到墓志疑难字词释读的诸多歧解，当分析诸多歧解之所以产生的原因，并从多学科、多角度寻求解决问题的思路，而一个考释结论的可信度也应当经得起多学科、多角度的反复验证。因此，我们主张：对于出土墓志文本疑难字词的释读，应该追求考释理论的科学化，提高考释思路和方法的自觉性，进而归纳总结获得"确证的考"的思路和方法，这一点甚至比得出几个具体的考释结论更为迫切。

参考文献

［1］启　功（2002）《论书绝句（注释本）》，北京：生活·读书·新知三联书店。

［2］秦永龙（1997）《汉字书法通解·行草》，北京：文物出版社。

［3］赵振华、王倩文（2011）《唐裴思简夫人李氏墓志》研究，《唐山师范学院学报》第1期。

［4］周征松（1997）唐代河东裴氏墓志述论，《文献》第2期。